IMPARO A PROGRAMMARE

con C# - parte II

**Un approccio pratico
con metodologia "Object First"**

IMPARO A PROGRAMMARE

con C# - parte II

**Un approccio pratico
con metodologia "Object First"**

Roberto Bandiera

2023

Versione Stampata – ISBN 978-1-71660-305-1

Imprint: Lulu.com

Castelfranco Veneto (TV), Italia

http://robertobandiera.altervista.org

robertobandiera@altervista.org

Indice

Ringraziamenti

Un grande ringraziamento va al prof. Alessandro Barbaro per l'incoraggiamento e i preziosi suggerimenti che hanno accompagnato il lavoro di realizzazione di questo libro, al prof. Francesco Paolo Giglia per il prezioso confronto con la sua visione metodologica didattica e per aver costantemente instillato negli studenti e anche nel sottoscritto la sua esperienza professionale, e al prof. Valentino Trentin che per diversi anni è stato compagno di sperimentazioni didattiche.

Prefazione

Questo lavoro nasce come supporto alle lezioni del terzo e quarto anno del corso di Informatica del diploma di Tecnico Informatico svolte all'ITT "Barsanti" di Castelfranco Veneto (TV), dove attualmente l'autore insegna Informatica.

L'approccio didattico che prevede di introdurre in modo pratico i concetti di base della programmazione ad oggetti sin dall'inizio del percorso di apprendimento è ispirato al lavoro di ricerca di Michael Kölling [1], che proponeva BlueJ come ambiente di apprendimento del linguaggio Java.

Sin dal 2002, con il prezioso supporto del prof. Valentino Trentin, il sottoscritto ha iniziato a sperimentare con risultatti soddisfacenti la metodologia didattica "Object First" di Michael Kölling.

L'autore: Bandiera Roberto si laurea a Padova nel 1990 e poi consegue il dottorato in Ingegneria Informatica nel 1994, il suo campo di ricerca era l'Information Retrieval. Insegna da diversi anni Informatica e anche Sistemi e Reti all'Istituto Tecnico Tecnologico "E. Barsanti" di Castelfranco Veneto (TV). La sua esperienza nell'insegnamento ha ormai trent'anni. E' stato anche per 5 anni tutor dei corsi di Basi di Dati dell'Università di Padova per i corsi di Laurea Breve in Ingegneria Informatica.

Il suo curriculum dettagliato è visibile nel sito http://robertobandiera.altervista.org/

---

[1]Kölling, M. and Rosenberg, J., *Guidelines for Teaching Object Orientation with Java*, Proceedings of the 6th conference on Information Technology in Computer Science Education (ITiCSE 2001), Canterbury, 2001

Introduzione

Obiettivi: questo lavoro è finalizzato ad apprendere una metodologia per affrontare la programmazione di un computer ed in generale di un dispositivo programmabile: per concretizzare l'esperienza viene proposta la realizzazione di applicazioni desktop, con interfaccia testuale e con interfaccia grafica.

Viene utilizzato il linguaggio C#. Si tratta di un linguaggio "fortemente tipizzato" che obbliga il programmatore ad esercitare una rigorosa disciplina di pensiero, che gli consentirà di affrontare in modo agevole, e con spirito critico, anche altri linguaggi di programmazione dotati di "tipizzazione dinamica".

Prerequisiti: il testo è appositamente approntato per un principiante che intende avvicinarsi alla disciplina della programmazione dei computer.

Via via che si procede nella lettura, il livello degli argomenti presentati cresce e i contenuti diventano adatti ad un programmatore di livello intermedio.

Metodologia: Si comincia subito con l'approccio "ad oggetti" in modo da abituare il neo-programmatore a pensare il programma come sistema di componenti, descritti opportunamente dal Diagramma delle Classi (standard UML).

Gli elementi del linguaggio vengono introdotti man mano e trovano immediata applicazione nei progetti di sviluppo software proposti nel testo.

Dopo aver trattato gli aspetti fondamentali della programmazione orientata agli oggetti, vengono presentati anche gli elementi del linguaggio C# di natura "funzionale", che attualmente sono parte integrante dei moderni linguaggi di programmazione.

Il filo conduttore del percorso didattico è arricchito da numerosi riquadri di chiarimento e di approfondimento dei contenuti presentati. Essi costituiscono un importante corollario di informazioni di cui un programmatore deve impossessarsi per ampliare il proprio bagaglio tecnico.

Lo sviluppo degli algoritmi di calcolo viene guidato suggerendo una adeguata metodologia di analisi e verifica.

Mani all'opera: Per facilitare il lettore nel suo processo di apprendimento, il testo è continuamente corredato da esercizi da svolgere e domande di riflessione.

Per imparare a programmare è fondamentale fare molto esercizio pratico!!!

Strumenti di lavoro: Si consiglia di utilizzare lo strumento integrato di sviluppo Visual Studio Community Edition di Microsoft (liberamente scaricabile) e per piccoli test interattivi anche il sito https://dotnetfiddle.net.

Struttura del volume: Il volume è suddiviso in due parti essendo pensato per il terzo anno (parte I) e il quarto anno (parte II) del corso di studi di Informatica.

Nella I parte si affrontano i primi concetti della programmazione ad oggetti e gli algoritmi di base su semplici strutture dati in memoria. Si arriva ad affrontare alcuni algoritmi di una certa complessità come l'allineamento di stringhe e alcuni algoritmi su grafi.

Nella II parte si sviluppano i concetti più importanti della programmazione ad oggetti, fino ad arrivare ad elementi di programmazione di ordine superiore.

Download: il codice degli esempi è scaricabile dal sitohttp://robertobandiera.altervista.org/LibroImparoAProgramm are

16.Classi e Tipi di dato astratti

Si richiama brevemente il concetto di **classe** della programmazione orientata agli oggetti (OOP - Object Oriented Programming): una classe può essere vista come l'insieme di istruzioni che definiscono un **tipo di dato astratto**,comprendente i dati che ne descrivono lo stato e le operazioni che possono essere effettuate sullo stesso.

Per l'analista/programmatore, il compito di individuare le classi dell'applicazione richiede lo sforzo di effettuare un processo di astrazione dei concetti utilizzati per risolvere un problema di calcolo o di gestione dati.

Una applicazione software viene pertanto vista come un sistema articolato di componenti, dette "classi".

Le classi contengono il codice per produrre gli **oggetti** che costituiscono gli esemplari (instance of) delle classi e vengono collocati nella memoria del computer.

Diagramma delle classi

Il **diagramma delle classi** (class diagram) è una rappresentazione grafica standard delle classi che costituiscono una applicazione e delle associazioni tra le stesse.

Si tratta di un diagramma che rientra nello standard UML (Unified Modelling Language) del consorzio Object Management Group (OMG).

L'obiettivo è descrivere gli elementi principali previsti dalla logica di una applicazione. Come tutte le rappresentazioni grafiche, essa risulta efficace quando riesce a dare in modo immediato una visione complessiva di un sistema software.

Conviene evitare di inserire nel diagramma delle classi tutti i dettagli di tutti i suoi componenti per non appesantire troppo la

---

> rappresentazione grafica e complicarne la lettura.
>
> Infatti, chi persegue questi obiettivi di completezza e dettaglio considera il diagramma delle classi come se fosse un linguaggio di programmazione per la generazione automatica di codice a partire dal diagramma stesso, arrivando però a snaturandone gli obiettivi.

La progettazione di una applicazione come sistema di classi ha diversi vantaggi:

- semplifica la soluzione del problema grazie alla sua scomposizione in sottoproblemi;
- agevola il riutilizzo di moduli software (classi) scritti per altre applicazioni;
- consente una naturale suddivisione del lavoro tra diversi programmatori che possono concentrarsi sulle diverse classi da codificare;
- facilita il collaudo del software, potendo sottoporre a test le singole classi prima del loro assemblaggio nel sistema completo.

ESEMPIO APPLICATIVO

Scrivere un programma per gestire i viaggi in treno con le diverse fermate. L'utente dovrà poter caricare i dati di un viaggio in treno, con le fermate previste, e così sarà in grado di calcolare quanto tempo ci vuole per raggiungere le singole città dove il treno si ferma.

Innanzitutto si realizza il diagramma delle classi. E' bene fissare in modo circoscritto gli obiettivi di ciascuna classe e averli chiari in mente quando se ne progettano i contenuti:

- la classe Program si occupa di gestire il dialogo con l'utente (input e output);

- la classe ViaggioInTreno rappresenta un determinato viaggio in treno con le sue fermate e gli orari e ne gestisce le operazioni di interrogazione;
- la classe Fermata rappresenta una singola fermata di un viaggio in treno.

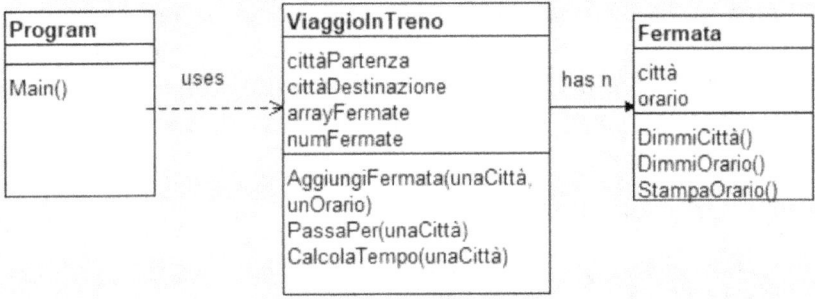

Diagramma delle classi

Il fatto che si dichiari che "un ViaggioInTreno has n Fermate" è dovuto al fatto che un ViaggioInTreno contiene un array di Fermate.

Per memorizzare l'orario si può utilizzare la classe DateTime.

Sviluppo del Codice:

```
public class Fermata
{
    // gli attributi sono privati, quindi sono visibili solo
    // dentro questa classe
    private string città;
    private DateTime orario;

    // costruttore per inizializzare gli attributi
    // l'orario in input viene fornito come stringa
    // ad esempio "10:30"
    public Fermata(string unaCittà, string unOrario)
    { città = unaCittà; orario = Convert.ToDateTime(unOrario); }

    // metodi per accedere ai campi privati
    public string DimmiCittà()
    { return città; }

    public DateTime DimmiOrario()
    { return orario; }
```

3

```
public string StampaOrario()
{
  // restituisce una stringa con ore e minuti
  // utilizzando le apposite Proprietà dell'oggetto
  return orario.Hour + ":" + orario.Minute; }
}
}
```

Il fatto di considerare privati gli attributi della classe consente facilmente di modificare la strutturazione dei dati all'interno della classe senza che il codice delle altre classi ne risenta. Infatti, la classe espone come pubblici soltanto i metodi per accedere ed agire sui suoi dati.

```
public class ViaggioInTreno
{
  // attributi
  private string cittàPartenza;
  private string cittàDestinazione;
  private Fermata[] arrayFermate;
  private int numFermate;

  // costruttore
  public ViaggioInTreno(string unaCittàPartenza,
                        string unaCittàDestinazione)
  {
    cittàPartenza = unaCittàPartenza;
    cittàDestinazione = unaCittàDestinazione;
    arrayFermate = new Fermata[20];  // al massimo 20 fermate
    numFermate = 0; // per ora non c'è nessuna fermata inserita
  }

  // metodo che aggiunge una fermata
  // l'orario viene fornito come stringa, ad es. "10:30"
  // le fermate devono essere inserite in ordine temporale!
  // devono essere aggiunte come fermate anche la città
  // di partenza e quella di destinazione
  public void AggiungiFermta(string unaCittà, string unOrario)
  {
    orario = Convert.ToDateTime(unOrario);
    arrayFermate[numFermate] = new Fermata(unaCittà, orario);
    numFermate++;
  }

  // metodo che dice se il viaggio in treno si ferma o meno
  // nella città specificata
  public bool PassaPer(string unaCittà)
  {
```

```
    bool risposta = false;
    int i = 0;
    while(i < numFermate && risposta == false)
    {
      if (arrayFermate[i].DimmiCittà() == unaCittà)
      { risposta = true;}
      else
      { i++; }
    }
    return risposta;
  }

  // metodo che calcola quanto tempo ci vuole per raggiungere
  // la città specificata
  // ipotesi: unaCittà fa parte delle fermate
  // il metodo restituisce una stringa
  // esempio: parte 8.30 arriva 10:40 → "2h 10min"
  // esempio: parte 8:30 arriva 11:10 → "2h 40min"
  public string CalcolaTempo(string unaCittà)
  {
    DateTime orarioPartenza = arrayFermate[0].DimmiOrario();
    int posizione = -1; // non trovato
    int i = 0;
    bool trovato = false;
    while(i < numFermate && posizione == -1)
    {
      if (arrayFermate[i].DimmiCittà() == unaCittà)
      { posizione = i; }
      else
      { i++; }
    }
    DateTime orarioArrivo = arrayFermate[i].DimmiOrario();
    // per le durate temporali c'è la classe TimeSpan
    // il metodo Subtract calcola il tempo intercorrente
    // tra due oggetti DateTime
    TimeSpan tempo = orarioArrivo.Subtract(orarioPartenza);
    int ore = tempo.Hours;
    int minuti = tempo.Minutes;
    return  ore + "h " + minuti + "min";
  }
}
```

La classe Program gestisce il dialogo con l'utente: il metodo Main() crea un ViaggioInTreno e poi stampa alcune informazioni al riguardo.

```
public class Program
{
  public static void Main()
```

```
{
    ViaggioInTreno v = new ViaggioInTreno("venezia", "roma");
    v.AggiungiFermata("venezia", "8:30");
    v.AggiungiFermata("padova", "8:50");
    v.AggiungiFermata("bologna", "9:30");
    v.AggiungiFermata("firenze", "10:10");
    v.AggiungiFermata("roma", "11:40");
    if(v.PassaPer("firenze"))
    {
        string tempo = v.CalcolaTempo("firenze");
        Console.WriteLine("tempo da venezia a firenze: " + tempo);
    }
    else
    { Console.WriteLine("non si ferma a firenze"); }
}
}
```

ESERCIZIO SVOLTO 16.1

Aggiungere alla classe ViaggioInTreno il metodo AggiungiInOrdine() che aggiunge una fermata mantenendo l'ordine temporale delle fermate inserite.

Soluzione:

Per effettuare il confronto temporale di due orari (di tipo DateTime) si usa il metodo CompareTo(), già visto per le stringhe, che restituisce -1, 0, +1 se, rispettivamente, l'orario in questione risulta anteriore, uguale o successivo all'orario con cui esso viene confrontato. Esempio:

```
DateTime orario = Convert.ToDateTime("10:30");
DateTime orario = Convert.ToDateTime("12:10");
int esito = orario1.CompareTo(orario2); // esito = -1
```

```
// classe ViaggioInTreno

// metodo per aggiungere in ordine temporale le fermate
public void AggiungiInOrdine(string unaCittà, DateTime unOrario)
{
    // creo la nuova fermata
```

```
Fermata f = new Fermata(unaCittà, unOrario);
// la aggiungo in coda a quelle già presenti nell'array
arrayFermate[numFermate] = f;
int i = numFermate;   // posizione corrente
bool ordinato = false;
// ciclo per spostare la nuova fermata
// per mantenere in ordine l'array delle fermate
while(i > 0 && !ordinato)
{
  Fermata p = arrayFermate[i-1];
  // controllo se l'orario di f precede quello di p
  if(f.CompareTo(p) < 0)
  {
    // scambio (swap)
    arrayFermate[i] = p;
    arrayFermate[i-1] = f;
    i--; // aggiorno la posizione di f
  }
  else
  { ordinato = true; }
}
}
```

17. Le Proprietà di un oggetto

Le Proprietà (Property) sono state introdotte nel linguaggio C# come scorciatoia sintattica per evitare di scrivere i metodi di accesso agli attributi privati di un oggetto.

Una Proprietà rappresenta un attributo privato unitamente ad una coppia implicita di metodi di accesso allo stesso: si tratta di un accesso in lettura (get) e di un accesso in scrittura (set).

Ad esempio, la classe Persona con gli attributi privati nome ed età è stata finora scritta nel seguente modo:

```csharp
public class Persona   // senza le Property
{
  // attributi privati
  private string nome;
  private int età;

  // costruttore
  public Persona(string unNome, int unaEtà)
  { nome = unNome; età = unaEtà; }

  // metodi per l'accesso agli attributi
  public string DimmiNome()
  { return nome; }

  public void AssegnaNome(string unNome)
  { nome = unNome; }

  public int DimmiEtà()
  { return età; }

  public void AssegnaEtà(int unaEtà)
  { età = unaEtà; }

  // altri metodi
  public void FaiCompleanno()
  { età++; }

  public bool IsMaggiorenne()
  {
    if (età>= 18)
    { return true; }
```

```
    else
    { return false;}
  }
}
```

La stessa classe può essere scritta molto più sinteticamente utilizzando una Proprietà pubblica per ciascun attributo privato, che così rimane sottinteso:

```
public class Persona  // versione con le Property
{
  // Property pubbliche
  // scrivere l'iniziale in Maiuscolo
  public string Nome {get; set;}
  public int Età {get; set;}

  // metodi che utilizzano direttamente
  // le Property come se fossero attributi
  public void FaiCompleanno()
  { Età++; }

  public bool IsMaggiorenne()
  {
    if (Età >= 18)
    { return true; }
    else
    { return false;}
  }
}
```

Si noti che grazie alle Property si può evitare la scrittura del costruttore e sfruttare la possibilità di inizializzare l'oggetto al momento della sua creazione:

```
// creazione di un oggetto con inizializzazione
Persona p = new Persona() { Nome = "Antonio", Età = 16 };
```

Le Property sono molto comode per il programmatore perché vengono utilizzate come se fossero degli attributi pubblici.

Ad esempio, si può leggere il nome di una persona in modo immediato:

```
string s = p.Nome;
```

piuttosto che mediante il metodo

```
string s = p.DimmiNome();
```

Inoltre, per cambiare il nome di una persona si assegna alla corrispondente proprietà il valore desiderato:

```
p.Nome = "Eugenio";
```

senza bisogno di utilizzare il metodo

```
p.AssegnaNome("Eugenio");
```

Se si rende privato l'accesso in scrittura, specificando {get; **private set**;} si avrà una Property a cui si potrà accedere solo in lettura dall'esterno della classe:

```
public string Nome {get; private set;}
```

in questo caso, l'unico modo per assegnare un nome alla persona è quello di utilizzare un costruttore o un apposito metodo scritto all'interno della classe Persona:

```
public void AssegnaNome(string unNome)
{ Nome = unNome; }
```

che si utilizza nel seguente modo:

```
Persona p = new Persona(); // per ora è senza nome
p.AssegnaNome("Filippo");
```

La differenza tra un semplice attributo pubblico, come

```
public int Età;
```

e una proprietà pubblica,come

```
public int Età {get; set;}
```

è che con le proprietà è possibile programmare una logica di calcolo o di controllo all'interno dei metodi get e set.

A tal fine si deve però dichiarare in modo esplicito l'attributo privato associato alla proprietà e poi associare a get e set dei blocchi di codice racchiusi tra parentesi graffe:

```
private int età; // attributo privato

public int Età // proprietà pubblica associata
{
  get{ return età; }
  set{ if (value > 0) {età = value;} else {età = 0;} }
}
```

dove "value" rappresenta il valore che si sta tentando di assegnare alla Property. In questo caso si ha il vantaggio di poter effettuare un controllo per impedire all'utente di assegnare all'età un valore negativo.

Considerazioni: il fatto di esporre al pubblico gli attributi (o proprietà) di un oggetto di una classe può essere rischioso in quanto un utilizzatore potrebbe modificarne il valore senza nessun controllo da parte della classe stessa.

Un buon approccio alla programmazione ad oggetti prevede di limitare il più possibile la presenza di attributi o proprietà pubbliche e ricorrere piuttosto ad attributi privati a cui accedere soltanto tramite appositi metodi pubblici.

In particolare si dovrebbe fare in modo che **l'unico modo per modificare lo stato interno di un oggetto sia tramite l'invocazione di metodi definiti dalla sua classe**. Se si applica questo principio, si garantisce che le modifiche apportate ai valori degli attributi di un oggetto rispettino sempre la logica prevista dalla applicazione.

Concettualmente si tratta di avere oggetti che espongono al pubblico le AZIONI che essi sono in grado di compiere, piuttosto che i DATI che essi contengono.

Al riguardo si legga Allen Holub, "Why getter and setter methods are evil", 2003, JavaWorld, https://www.javaworld.com/article/ 2073723/why-getter-and-setter-methods-are-evil.html

Novità di C# 9 (novembre 2020)

Per venire incontro alle esigenze dei programmatori, la nuova versione di C# prevede la possibilità di dichiarare le Property con accesso pubblico in lettura e la sola possibilità di inizializzazione **{get; init;}**

```csharp
public class Persona
{
    public string Nome {get; init;}
    public int Età {get; init;}

    // metodi di calcolo e di modifica delle proprietà
    ...
}
```

In questo modo si rendono immutabili i valori delle Proprietà, che possono soltanto essere assegnati in fase di inizializzazione dell'oggetto.

```csharp
// creazione di un oggetto con inizializzazione
Persona p = new Persona() { Nome = "Antonio", Età = 16 };
```

E' possibile leggere ma non assegnare direttamente un valore alle proprietà:

```csharp
Console.WriteLine(p.Nome);  // ok
p.Nome = "Antonio"  // non è consentito!!!
```

Nel prosieguo di questo testo le proprietà verranno generalmente dichiarate con accesso pubblico sia in lettura che in scrittura, ma si farà attenzione a effettuare le modifiche di valore solo tramite appositi metodi della loro classe.

18. Array dinamici

Per mantenere in memoria un elenco di valori o di oggetti dello stesso tipo, è preferibile utilizzare come contenitore una struttura dati dinamica, ovvero in grado di far variare automaticamente la propria dimensione in base alle esigenze del programma in esecuzione.

La classe **List<*Tipo*>** consente di creare un array dinamico di oggetti di un certo tipo, specificato in fase di dichiarazione dell'oggetto lista.

Per poter utilizzare questa classe si deve aggiungere la seguente direttiva using:

```
using System.Collections.Generic;
```

Per illustrare il funzionamento della classe List<Tipo> si riporta l'istruzione per la creazione di una lista di numeri interi:

```
List<int> listaDiInteri = new List<int>();
```

Se si suppone di avere definito la classe Persona con le proprietà Nome, Età e Sesso:

Persona
string Nome int Età char Sesso
// metodi

la creazione di una una lista di oggetti di tipo Persona avviene con la seguente istruzione:

```
List<Persona> listaDiPersone = new List<Persona>();
```

Per aggiungere un nuovo elemento in coda alla lista si usa il metodo Add(nuovoElemento). Ad esempio:

```
// aggiunta alla lista di 3 numeri interi
listaDiInteri.Add(20);
listaDiInteri.Add(40);
listaDiInteri.Add(60);
int n = lista.Count; // n vale 3
```

La proprietà Count fornisce il numero di elementi presenti nella lista.

Per leggere un singolo elemento conoscendone la posizione si agisce esattamente come con gli array statici (la numerazione degli elementi parte da 0):

```
int valore = listaDiInteri[0]; // valore vale 20
```

In modo del tutto analogo si agisce sulla lista di oggetti di tipo Persona:

```
// creazione e aggiunta di 3 persone alla lista
Persona p1 = new Persona() {Nome = "Antonio", Età = 30};
Persona p2 = new Persona() {Nome = "Gianni", Età = 40};
Persona p3 = new Persona() {Nome = "Luca", Età = 50};
listaDiPersone.Add(p1);
listaDiPersone.Add(p2);
listaDiPersone.Add(p3);
```

Di solito si ha la necessità di utilizzare tutti gli elementi di una lista, pertanto conviene usare il ciclo foreach, che rende il codice facilmente leggibile:

```
// scansione di tutta la lista
// e calcolo della somma delle età delle persone
int somma = 0;
foreach(Persona p in lista)  // per ogni persona nella lista
{
   somma = somma + p.Età;
}
Console.WriteLine(somma); // scrive 120
```

Quando, invece, si vuole trovare un qualche specifico elemento nella lista si deve usare il ciclo while, che consente di terminare lo scorrimento della lista non appena si arriva all'elemento desiderato.

> **Nota**
>
> E' fortemente sconsigliato interrompere brutalmente un ciclo con un'istruzione di return, perché questo rende poco leggibile il codice (questo ricorda vecchi stili di programmazione!).
> Pertanto si deve usare un ciclo while.

```
// ricerca sequenziale nella lista
// viene fornita la posizione dell'elemento nella lista
// oppure -1 se non è stato trovato

// si considera la lista come un semplice array statico
// e quindi si accede direttamente
// all'i-esimo elemento scrivendo lista[i]
int i = 0;
bool trovato = false;
posizione = -1; // inizialmente non l'ho trovato
while(i < lista.Count && !trovato)
{
  Persona p = listaDiPersone[i]; // l'elemento corrente
  if (p.Nome == "nome cercato")
  {
    trovato = true;
    posizione = i;
  }
  else
  { i++; }
}
// scrive il valore della posizione dell'elemento
Console.WriteLine(posizione);
```

Uso di un Enumeratore

In alternativa si può utilizzare un Enumeratore, ovvero un oggetto associato alla lista che consente di scorrerla in avanti un elemento alla volta.

L'Enumeratore consente soltanto movimenti in avanti a partire dall'inizio della lista, con il metodo MoveNext().

Questo metodo effettua, se possibile, l'avanzamento nella lista posizionando l'Enumeratore sull'elemento successivo a quello corrente.

Esso restituisce true se tale operazione ha successo altrimenti restituisce false.

E' possibile far ripartire l'Enumeratore dall'inizio con il metodo Reset(), che riporta l'enumeratore alla sua posizione iniziale, ovvero prima del primo elemento nella lista.

```
// ricerca sequenziale in una lista
bool trovato = false;
// nella dichiarazione si usa var
// per sfruttare l'inferenza sul tipo ed evitare di
// doverlo scrivere esplicitamente
// ... si tratta del tipo List<Persona>.Enumerator
var e = listaDiPersone.GetEnumerator();
while (e.MoveNext() && !trovato)
{
   Persona p = e.Current;  // l'elemento corrente
   if (p.Nome == "nome cercato")
   { trovato = true; }
}
// la variabile trovato fornisce l'esito della ricerca
// ma non si conosce la posizione dell'elemento trovato
if (trovato)
{ Console.WriteLine("trovato"); }
else
{ Console.WriteLine("non trovato"); }
```

La classe List<*Tipo*> memorizza gli elementi in celle di memoria contigue, proprio come avviene con gli array statici. Quando le celle a disposizione non sono più sufficienti a contenere un ulteriore nuovo elemento il sistema automaticamente sposta tutti i valori di queste celle in una zona di memoria più grande.

Se si deve inserire un elemento all'interno della lista, gli si deve fare spazio spostando in avanti di una posizione tutti i valori contenuti nelle celle che seguono la posizione di inserimento. A tal fine si può utilizzare il metodo Insert() che effettua questa operazione automaticamente.

Se si deve eliminare un elemento, si devono spostare indietro di una posizione tutti i valori delle celle che lo seguono per non lasciare "buchi" nella lista. A tal fine si possono usare i metodi RemoveAt() oppure Remove(), che effettuano questa operazione automaticamente.

List<T>
+ Capacity: int + Count: int + Item[int]: object
+ Add(T): void + AddRange(IEnumerable<T>): void + BinarySearch(T): int + Clear(): void + Contains(T): bool + CopyTo(T[], int): void + Exists(Predicate<T>): bool + Find(Predicate<T>): T + ForEach(Action<T>): void + IndexOf(T): int + Insert(int, T): void + InsertRange(int, IEnumerable<T>): void + Remove(T): bool + RemoveRange(int, int): void + Reverse(): void + Sort(): void + ToArray(object): object[] + ToString(): string + TrimToSize(): void

La classe List<T>

I metodi di ricerca di un elemento Contains(), IndexOf() e BinarySearch() e quello di ordinamento Sort() funzionano per liste contenenti elementi dei tipi di base: int, double, string.

Se invece, si ha a che fare con una lista di oggetti di un tipo definito dall'utente, come ad esempio una lista di oggetti di tipo Persona, risulta necessario definire i criteri di confronto tra gli oggetti.

I metodi Exists() e Find() effettuano una ricerca, ma richiedono il concetto di Predicato, che si vedrà più avanti.

A futura memoria: il metodo ForEach() applica una azione (Action) a tutti gli elementi della lista. Esso equivale ad effettuare un ciclo foreach.

ESERCIZIO SVOLTO 18.1

GIOCO DEL LANCIO DEI DADI

Scrivere un programma che effettua una serie di partite dove ciascuna partita consiste nel lanciare più volte una coppia di dadi, contando il numero di lanci effettuati fin quando si ottiene una coppia di numeri uguali.

Il programma riceve in input il numero di partite da effettuare e restituisce delle statistiche di sintesi relative al numero medio e al numero massimo di lanci che sono stati effettuati in questa serie di partite.

Inoltre il programma fornisce una tabella con la distribuzione di frequenza del numero di tentativi effettuati dalle diverse partite effettuate.

Lo scopo è verificare sperimentalmente che vale la legge delle probabilità che prevede che il numero medio di tentativi sia 6. Infatti, se la probabilità di ottenere due facce uguali con un singolo lancio è $p = 1/6$, il numero medio di tentativi per ottenere tale risultato deve essere $1/p = 6$.

Soluzione:

Innanzitutto si redige il diagramma delle classi.

L'applicazione considera un giocatore che fa delle partite utilizzando dei dadi.

Il diagramma delle classi proposto è il seguente:

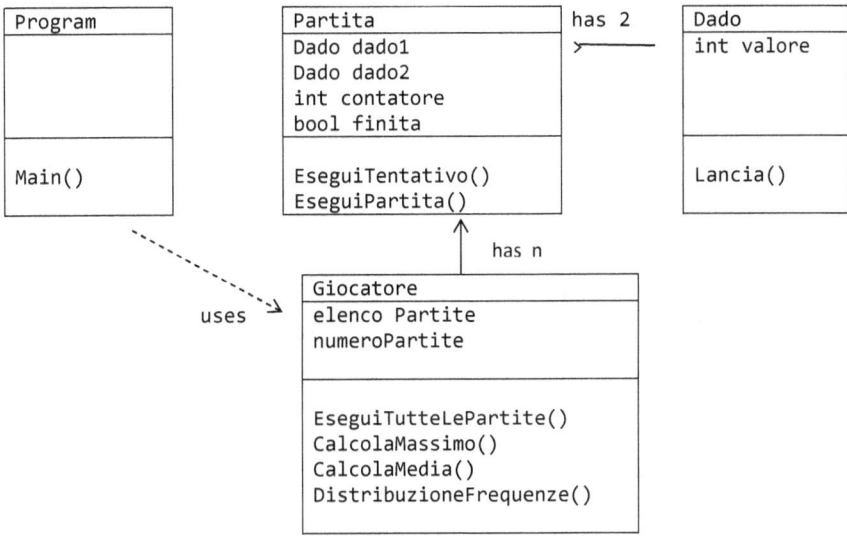

Diagramma delle classi

La progettazione delle classi con i loro attributi e metodi richiede un po' di riflessione sul problema da risolvere e sugli "oggetti concreti" che contribuiscono alla soluzione dello stesso.

In generale la classe Program si occupa del dialogo con l'utente (potrebbe a tal scopo essere aggiunta una classe per un Form grafico), mentre la classe Giocatore, utilizzata direttamente dal metodo Main() di Program, contiene sostanzialmente il menu delle funzioni del programma.
Per svolgere tali funzioni, il giocatore ha a disposizione gli oggetti della classe Partita, con i loro metodi.
A sua volta, ciascuna Partita ha a disposizione una coppia di Dadi.

Si considera innanzitutto la classe Dado, che usa la classe Random per generare numeri pseudo-casuali:

```
public class Dado
{
    private Random generatore;
```

```csharp
  public Dado()
  {
    generatore = new Random();
  }

  public int Lancia()
  {
    return generatore.Next(1, 7);  // da 1 compreso a 7 escluso
  }
}
```

La classe Partita gestisce una singola partita e memorizza il
numero di tentativi di lancio effettuati prima di ottenere due
numeri uguali:

```csharp
public class Partita
{
  public Dado Dado1 {get; set;}
  public Dado Dado2 {get; set;}
  public int NumeroTentativi {get; set;}
  public bool Finita {get; set;}

  // il costruttore senza parametri inizializza le proprietà
  public Partita()
  {
    Dado1 = new Dado();
    Dado2 = new Dado();
    NumeroTentativi = 0;
    Finita = false;
  }

  public void EseguiTentativo()
  {
    int a = Dado1.Lancia();
    int b = Dado2.Lancia();
    if (a == b) { Finita = true; }
    NumeroTentativi++;
  }

  public void EseguiPartita()
  {
    while (! Finita)
    { EseguiTentativo(); }
  }
}
```

La classe Giocatore effettua le partite, le memorizza in una lista,
e poi consente di ricavarne le statistiche:

```
public class Giocatore
{
  public int NumeroPartiteFatte {get; set;}
  public List<Partita> ElencoPartite {get; set;}

  public Giocatore()
  {
    NumeroPartiteFatte = 0;
    ElencoPartite = new List<Partita>();
  }

  public void EseguiTutteLePartite(int partiteDaFare)
  {
    for(int i = 0; i < partiteDaFare; i++)
    {
      Partita p = new Partita();
      p.EseguiPartita();
      ElencoPartite.Add(p);
      NumeroPartiteFatte++;
    }
  }

  // max numero di tentativi delle partite fatte
  public int CalcolaMassimo()
  {
    int max = 0;
    foreach(Partita p in ElencoPartite)
    {
      if(p.NumeroTentativi > max)
      { max = p.NumeroTentativi; }
    }
    return max;
  }

  public double CalcolaMedia()
  {
    int somma = 0;
    foreach (Partita p in ElencoPartite)
    { somma = somma + p.NumeroTentativi; }
    // trasformo somma in double per ottenere la divisione reale
    return (double)somma / NumeroPartiteFatte;
  }

  public int[] CalcolaDistribuzioneFrequenza()
  {
    int n = CalcolaMassimo();
    // creo un array di n+1 componenti perché si inizia da 0
    int[] freq = new int[n+1];
    foreach(Partita p in ElencoPartite)
    {
      int k = p.NumeroTentativi;
      // incremento la frequenza del numero k di tentativi
```

```
        freq[k]++;
    }
    return freq;
    }
}
```

Il metodo Main() della classe Program effettua 10000 partite e poi ne visualizza le statistiche:

```
public static void Main()
{
    // creo un giocatore e gli faccio eseguire 10000 partite
    Giocatore g = new Giocatore();
    g.EseguiTutteLePartite(10000);
    Console.WriteLine("massimo " + g.CalcolaMassimo());
    Console.WriteLine("media " + g.CalcolaMedia());
    int[] freq = g.CalcolaDistribuzioneFrequenza();
    // visualizzo la tabella delle frequenze
    for(int i = 1; i < freq.Length; i++)
    { Console.WriteLine(i + "" + freq[i]); }
}
```

Si ottiene, ad esempio:

massimo	79	20	50	40	1	60	0
media	5.9444	21	36	41	1	61	0
1	1627	22	31	42	0	62	0
2	1430	23	34	43	0	63	0
3	1180	24	20	44	1	64	0
4	974	25	17	45	0	65	0
5	819	26	16	46	0	66	0
6	694	27	18	47	0	67	0
7	526	28	13	48	0	68	0
8	479	29	10	49	0	69	0
9	396	30	6	50	0	70	0
10	317	31	9	51	0	71	0
11	249	32	9	52	0	72	0
12	221	33	3	53	0	73	0
13	176	34	3	54	0	74	0
14	145	35	5	55	0	75	0
15	109	36	0	56	0	76	0
16	99	37	2	57	0	77	0
17	107	38	4	58	0	78	0
18	85	39	2	59	0	79	1
19	75						

Variazione proposta: produrre in output un istogramma con le frequenze relative (ovvero rapportate a 100 partite), utilizzando asterischi:

```
1 ******
2 ****
...
```

Soluzione:

```
for (int i = 1; i < freq.Length;i++)
{
  // la frequenza relativa z viene calcolata con una proporzione
  double z = (double)freq[i] / g.NumeroPartiteFatte * 100;
  // si arrotonda all'intero più vicino
  int p = (int) (z + 0.5);
  // il costruttore della classe String produce una stringa fatta
  // con p asterischi
  Console.WriteLine(i + "" + new String('*', p));
}
```

Ora si provi ad aggiungere un Form grafico per il dialogo con l'utente. A tal fine si invita a cercare e utilizzare un componente grafico per la realizzazione di un istogramma ("bar chart") professionale.

ESERCIZIO SVOLTO 18.2

ABBINAMENTI

Si vuole scrivere un programma per risolvere il problema dell'abbinamento dei professori di una graduatoria ai posti liberi di insegnamento.

Ogni professore esprime le sue preferenze riguardo le scuole dove vorrebbe insegnare.

Ci sono le disponibilità dei posti di insegnamento nelle varie scuole e pertanto il sistema dovrà effettuare gli abbinamenti più congeniali alle preferenze dei professori.

Soluzione:

Innanzitutto si deve pensare al diagramma delle classi.

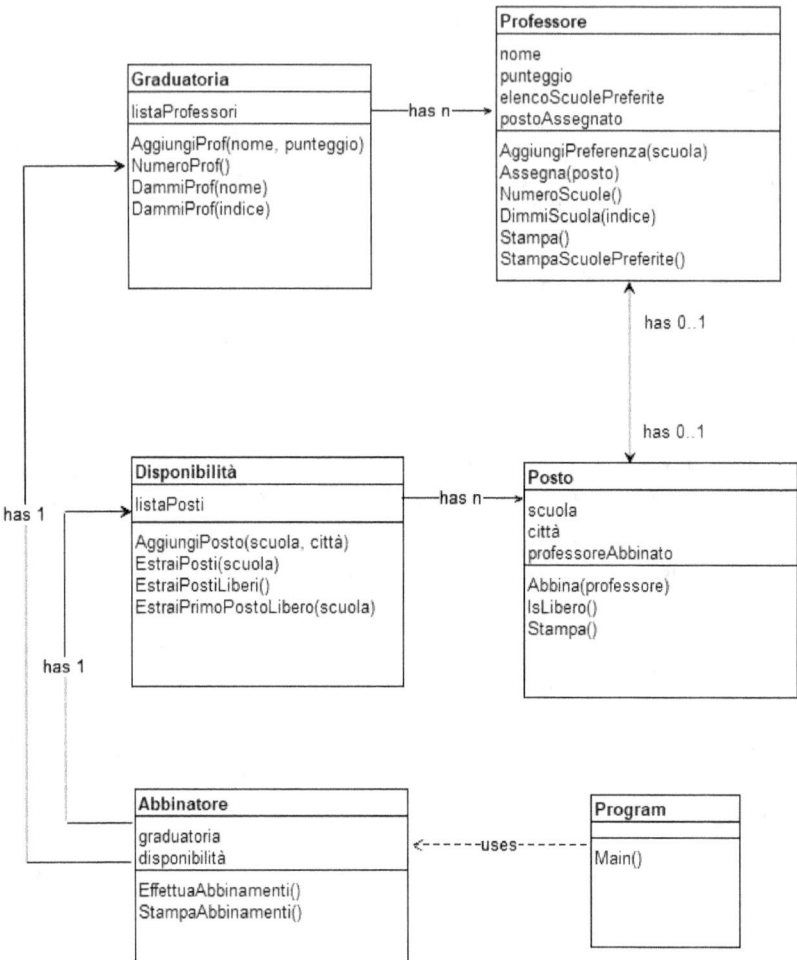

Diagramma delle classi

La classe Professore rappresenta un professore con le sue preferenze e il posto che eventualmente gli viene assegnato.

La classe Graduatoria contiene un elenco di professori.

La classe Posto rappresenta un posto disponibile in una determinata scuola, a cui dovrà essere abbinato un professore.

La classe Disponibilità contiene un elenco di posti disponibili.

La classe Abbinatore contiene una graduatoria e le disponibilità ed effettua gli abbinamenti più congeniali alle preferenze dei professori.

La classe Program contiene il metodo Main che effettua il dialogo con l'utente dell'applicazione.

Navigabilità delle associazioni tra classi

Nel diagramma le frecce indicano le associazioni tra le classi e la cardinalità della stesse: una freccia indica la presenza tra gli attributi di una classe di un riferimento ad oggetti di un'altra classe.

Pertanto, la presenza di una freccia esprime la possibilità di raggiungere oggetti della classe collegata a partire da un oggetto della classe da cui parte la freccia.

Il codice delle classi è il seguente:

```
public class Graduatoria
{
  // proprietà. pubbliche
  public List<Professore> ListaProfessori {get; private set;}

  // il costruttore crea la lista dei professori
  public Graduatoria()
  { ListaProfessori = new List<Professore>(); }

  // l'inserimento del professore mantiene la lista
  // in ordine decrescente di punteggio
  public void AggiungiProf(string nome, int punteggio)
  {
    Professore nuovo = new Professore()
                    { Nome = nome, Punteggio = punteggio };
    // inizialmente il nuovo prof viene messo in fondo
    ListaProfessori.Add(nuovo);
    // poi lo si fa risalire in graduatoria finchè
    // raggiunge la sua posizione in base al suo punteggio
    int i = ListaProfessori.Count - 1; // l'ultima posizione
    bool sistemato = false;
```

```
    while (i > 0 && !sistemato)
    {
      Professore precedente = ListaProfessori[i-1];
      if (nuovo.Punteggio > precedente.Punteggio)
      {
        // scambio di posto con il precedente
        ListaProfessori[i] = precedente;
        ListaProfessori[i-1] = nuovo;
        i = i - 1;
      }
      else
      { sistemato = true;}
    }
}

// metodi per accedere alla lista
public int NumeroProf()
{ return ListaProfessori.Count; }

public Professore DammiProf(int indice)
{ return ListaProfessori[indice]; }

// metodo che restituisce il professore cercato
// oppure null se non lo trova
public Professore DammiProf(string nome)
{
  // ricerca sequenziale
  // per ora non ho trovato nulla
  Professore risultato = null;
  int i = 0;
  while (i < ListaProfessori.Count && risultato == null)
  {
    Professore p = ListaProfessori[i];
    if(p.Nome == nome)
    { risultato = p; }
    else
    { i++; }
  }
  return risultato;
  }
}
```

```
public class Posto
{
  public string Scuola {get; set;}
  public string Città {get; set;}
  public Professore ProfessoreAbbinato {get; set;}
```

```
public bool IsLibero()
{
  if (ProfessoreAbbinato == null)
  { return true; }
  else
  { return false; }
}

public void Abbina(Professore prof)
{ ProfessoreAbbinato = prof; }

public string Stampa()
{ return Scuola + "" + Città + " Libero=" + IsLibero(); }
}
```

```
public class Disponibilità
{
  public List<Posto> ListaPosti {get; private set;}

  public Disponibilità()
  { ListaPosti = new List<Posto>(); }

  public void AggiungiPosto(string scuola, string città)
  {
    ListaPosti.Add(new Posto(){Scuola = scuola, Città = città});
  }

  public List<Posto> EstraiPosti(string scuola)
  {
    List<Posto> lista = new List<Posto>();
    foreach(Posto p in ListaPosti)
    {
      if (p.Scuola == scuola)
      { lista.Add(p); }
    }
    return lista;
  }

  public List<Posto> EstraiPostiLiberi()
  {
    List<Posto> lista = new List<Posto>();
    foreach(Posto p in ListaPosti)
    {
      if (p.IsLibero())
      { lista.Add(p); }
    }
```

```
      return lista;
  }

  public Posto EstraiPrimoPostoLibero(string scuola)
  {
    Posto risultato = null;
    List<Posto> lista = EstraiPostiLiberi();
    bool finito = false;
    int i = 0;
    while (i < lista.Count && !finito)
    {
      Posto p = lista[i];
      if (p.Scuola == scuola)
      {
        risultato = p;
        finito = true;
      }
      else
      { i++; }
    }
    return risultato;
  }
}
```

```
public class Professore
{
  public string Nome {get; set;}
  public int Punteggio {get; set;}
  public List<string> ElencoScuolePreferite {get; private set;}
  public Posto PostoAssegnato {get; set;}

  public Professore()
  { ElencoScuolePreferite = new List<string>();}

  // le scuole vanno aggiunte in ordine di preferenza
  public void AggiungiPreferenza(string scuola)
  { ElencoScuolePreferite.Add(scuola); }

  // metodi per accedere alla lista delle preferenze
  public string DimmiScuola(int indice)
  { return ElencoScuolePreferite[indice]; }

  public int NumeroScuole()
  { return ElencoScuolePreferite.Count; }

  public string Stampa()
  { return Nome + "" + Punteggio; }
```

```
public string StampaScuolePreferite()
{
  string output = "";
  foreach(string s in ElencoScuolePreferite)
  { output = output + s + ""; }
  return output;
}

public void Assegna(Posto posto)
{ PostoAssegnato = posto; }
}
```

```
public class Abbinatore
{
  public Graduatoria Grad {get; set;}
  public Disponibilità Disp {get; set;}

  public void EffettuaAbbinamenti()
  {
    // si scorre la graduatoria a partire dall'inizio
    // e si abbina al prof un posto libero a partire
    // dalla scuola preferita
    foreach(Professore prof in Grad.ListaProfessori)
    {
      bool finito = false;
      int i = 0;
      List<string> elencoscuole;
      while (! finito)
      {
        elencoscuole = prof.ElencoScuolePreferite;
        if (i < elencoscuole.Count)
        {
          Posto posto;
          posto = Disp.EstraiPrimoPostoLibero(elencoscuole[i]);
          if(posto != null)
          {
            prof.Assegna(posto);
            posto.Abbina(prof);
            finito = true;
          }
          else
          { i++; }
        }
        else
        { finito = true; }
      }
```

```
    }
  }

  public List<string> StampaAbbinamenti()
  {
    List<string> output = new List<string>();
    foreach (Posto p in Disp.ListaPosti)
    {
      if (! p.IsLibero())
      {
        output.Add(p.Stampa()+""+p.ProfessoreAbbinato.Nome );
      }
      else
      { output.Add(p.Stampa()); }
    }
    return output;
  }
}
```

Il metodo Main effettua il collaudo delle funzionalità dell'applicazione:

```
using System;
using System.Collections.Generic;

public class Program
{
  public static void Main()
  {
    // caricamento di alcuni professori in graduatoria
    Graduatoria g = new Graduatoria();
    g.AggiungiProf("Stocco Pietro", 80 );
    g.AggiungiProf("Bianchi Filippo", 75 );
    g.AggiungiProf("Rossi Elia", 94 );
    g.AggiungiProf("Vincenzi Gino", 35 );
    // visualizzo la graduatoria dei professori
    for (int i = 0; i < g.ListaProfessori.Count; i++)
    {
      Professore p = g.ListaProfessori[i];
      Console.WriteLine((i+1) + "" + p.Stampa());
    }
    // variante
    // per visualizzare la graduatoria dei prof
    // utilizzo appositi metodi di accesso alla lista
    // per rendere questo codice indipendente dalla specifica
    // implementazione della lista di professori
```

```
for (int i = 0; i < g.NumeroProf(); i++)
{
  Professore p = g.DammiProf(i);
  Console.WriteLine((i+1) + "" + p.Stampa());
}
// caricamento di alcuni posti nelle disponibilità
Disponibilità d = new Disponibilità();
d.AggiungiPosto("Liceo Berto", "Treviso");
d.AggiungiPosto("Liceo Berto", "Treviso");
d.AggiungiPosto("Liceo Sartor", "Castelfranco Veneto");
// visualizzo le disponibilità
foreach(Posto p in d.ListaPosti)
{ Console.WriteLine(p.Stampa()); }
// per ciascun professore aggiungo le preferenze
Professore prof;
prof = g.DammiProf("Rossi Elia");
if (prof != null)
{
  prof.AggiungiPreferenza("Liceo Berto");
  prof.AggiungiPreferenza("Liceo Sartor");
}
prof = g.DammiProf("Stocco Pietro");
if (prof != null)
{
  prof.AggiungiPreferenza("Liceo Berto");
  prof.AggiungiPreferenza("Liceo Sartor");
}
prof = g.DammiProf("Bianchi Filippo");
if (prof != null)
{
  prof.AggiungiPreferenza("Liceo Berto");
  prof.AggiungiPreferenza("Liceo Sartor");
}
prof = g.DammiProf("Vincenzi Gino");
if (prof != null)
{
  prof.AggiungiPreferenza("Liceo Berto");
  prof.AggiungiPreferenza("Liceo Sartor");
}
// visualizzo le preferenze di Vincenzi Gino
prof = g.DammiProf("Vincenzi Gino");
if (prof != null)
{
  Console.WriteLine(prof.Nome + " scuole: " +
  prof.StampaScuolePreferite());
}
// effettuo gli abbinamenti
Abbinatore a;
a = new Abbinatore() {Graduatoria = g, Disponibilità = d};
```

```
    a.EffettuaAbbinamenti();

    // visualizzo gli abbinamenti effettuati
    List<string> listaAbb = a.StampaAbbinamenti();
    foreach (string s in listaAbb)
    { Console.WriteLine(s); }
  }
}
```

L'esecuzione del programma produce il seguente ouput:

```
1 Rossi Elia 94
2 Stocco Pietro 80
3 Bianchi Filippo 75
4 Vincenzi Gino 35

1 Rossi Elia 94
2 Stocco Pietro 80
3 Bianchi Filippo 75
4 Vincenzi Gino 35

Liceo Berto Treviso Libero=True
Liceo Berto Treviso Libero=True
Liceo Sartor Castelfranco Veneto Libero=True

Vincenzi Gino scuole: Liceo Berto Liceo Sartor

Liceo Berto Treviso Libero=False Rossi Elia
Liceo Berto Treviso Libero=False Stocco Pietro
Liceo Sartor Castelfranco Veneto Libero=False Bianchi Filippo
```

19.Ereditarietà e Polimorfismo

Una delle particolarità più interessanti della programmazione ad oggetti è la possibilità di riutilizzare un modulo di codice, ovvero una classe, e di adattarlo alle proprie esigenze specifiche senza la necessità di riscrivere il codice già scritto.

Si tratta in sostanza della possibilità di ridefinire una classe "base", creando una classe "derivata" con un ruolo più specifico.

La classe derivata eredita gli attributi, le proprietà e i metodi della classe base e ha la possibilità di aggiungerne altri. Inoltre, la classe derivata può anche ridefinire ("**overriding**") in modo specifico alcuni dei metodi già presenti nella classe base per adattarli alle proprie esigenze.

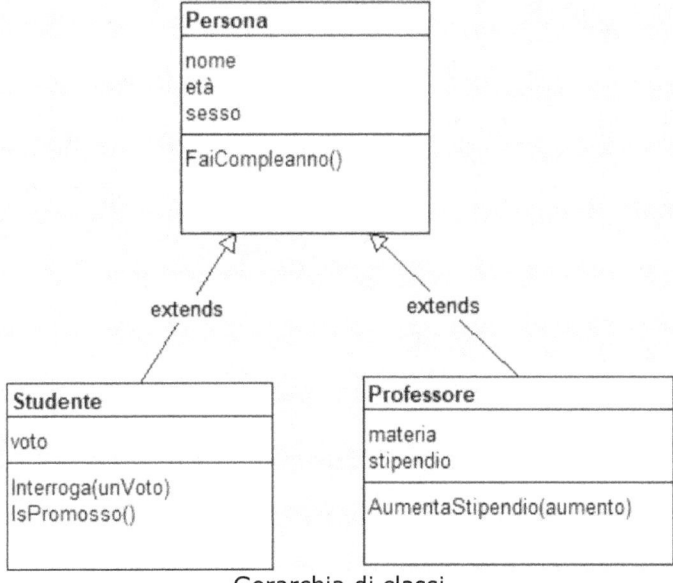

Gerarchia di classi

Ad esempio, le classi Studente e Professore ereditano gli attributi (o proprietà) nome, età e sesso dalla classe Persona e vi aggiungono i loro attributi particolari ed inoltre ereditano il metodo FaiCompleanno() di Persona e lo integrano con nuovi metodi più specifici.

Si dice che la classe Persona è la classe "base" e le classi Studente e Professore sono le classi "derivate" da Persona.

Si dice anche cha le classi Studente e Professore "estendono" la classe Persona.

Si noti che nel diagramma delle classi la freccia che rappresenta l'ereditarietà va dalla **classe derivata** alla **classe base**; la punta della freccia deve essere un triangolo vuoto.

In generale si crea una **gerarchia di classi**, ovvero una gerarchia di tipi di dati, dove la classe base rappresenta il tipo più generale e le classi derivate i tipi più specifici.

Il codice delle suddette classi in C# viene scritto in 3 distinti file:

```
public class Persona
{
  public string Nome {get; set;}
  public int Età {get; set;}
  public char Sesso {get; set;}

  public void FaiCompleanno()
  { Età++; }
}
```

le classi Studente e Professore devono specificare da quale classe derivano:

```
// i due punti ":" significano "extends"
public class Studente: Persona
{
  public int Voto {get; set;}

  public void Interroga(int unVoto)
  { Voto = unVoto; }

  public bool IsPromosso()
  { return Voto >= 6; } // espressione booleana
}
```

```
public class Professore: Persona
{
  public string Materia {get; set;}
```

```
public double Stipendio {get; set;}

public void AumentaStipendio(double aumento)
{ Stipendio = Stipendio + aumento; }
}
```

A titolo di esempio, il Main() crea un oggetto di tipo Studente e poi ne stampa il nome:

```
public static void Main()
{
  Studente s = new Studente()
             { Nome="gianni", Età=22, Classe="5A", Voto=9 };
  Console.WriteLine(s.Nome);  // scrive gianni
}
```

Nota: qualora si preferisse mantenere **privati** gli attributi della classe base, sarebbe necessario predisporre un costruttore e anche opportuni metodi pubblici per poter accedere agli stessi da una delle classi derivate.

Il codice seguente illustra tale situazione:

```
// versione con attributi privati

public class Persona
{
  private string nome;
  private int età;
  private char sesso;

  public Persona(string unNome, int unaEtà, char unSesso)
  { nome = unNome; età = unaEtà; sesso = unSesso; }

  public void FaiCompleanno()
  { età++; }

  public string DimmiNome()
  { return nome; }

  public int DimmiEtà()
  { return età; }

  public char DimmiSesso()
  { return sesso; }
```

```
}

public class Studente: Persona
{
  private int voto;

/*
Il costruttore riceve in input tutti i parametri necessari per
inizializzare sia gli attributi propri che quelli della classe
 base; questi ultimi vengono immediatamente passati al costrut-
tore della classe base per effettuarne l'opportuna inizializza-
zione.
Scrivendo base(…) si chiama il costruttore della classe base.
Dopodiché rimangono da inizializzare solo gli attributi specifici
della classe derivata.
*/
  public Studente(string unNome, int unaEtà, char unSesso,
                  int unVoto): base(unNome, unaEtà, unSesso)
  { voto = unVoto; }

  public void Interroga(int unVoto)
  { voto = unVoto; }

  public bool IsPromosso()
  { return voto >= 6; } // espressione booleana

  public int DimmiVoto()
  { return voto; }
}

public class Professore: Persona
{
  private string materia;
  private double stipendio;

  public Professore(string unNome, int unaEtà, char unSesso,
                    string unaMateria, double unoStipendio)
                   : base(unNome, unaEtà, unSesso)
  { materia = unaMateria; stipendio = unoStipendio; }

  public string DimmiMateria()
  { return materia; }

  public double DimmiStipendio()
  { return stipendio; }

  public void AumentaStipendio(double aumento)
  { stipendio = stipendio + aumento};
}
```

Un altro esempio è quello della classe Rettangolo che rappresenta la geometria di un rettangolo da cui viene derivata la classe Quadrato. In effetti, un quadrato non è altro che un rettangolo con i due lati uguali.

Rettangolo
 	
larghezza
altezza
 	
CalcolaArea()
 	
△
 	
Quadrato
 	
lato
	``csharp
	public class Rettangolo
	{
	    public double Larghezza {get; set;}
	    public double Altezza {get; set;}
	
	    public double CalcolaArea()
	    { return Larghezza * Altezza; }
	}
	
	public class Quadrato: Rettangolo
	{
	    public double Lato{
	        get{ return Larghezza; }
	        set{ Larghezza=value; Altezza=value; }
	    }
	}
	``

Si noti che la classe Quadrato definisce la proprietà Lato che viene associata alle dimensioni del rettangolo: la lettura del valore di Lato corrisponde a leggere il valore della Larghezza del Rettangolo; l'assegnazione di un valore (value) al Lato corrisponde ad assegnare il medesimo valore alla Larghezza e all'Altezza del Rettangolo.

Il Main() mostra la creazione e l'utilizzo di un Rettangolo e di un Quadrato:

```csharp
public static void Main()
{
    Rettangolo r = new Rettangolo()
                    { Larghezza = 10, Altezza = 4 };
    Console.WriteLine(r.CalcolaArea());  // calcola e scrive 40
    Quadrato q = new Quadrato() { Lato = 5 };
    Console.WriteLine(q.Lato);  // scrive 5
    // in effetti il quadrato può anche accedere direttamente
    // alle due proprietà che definiscono il rettangolo
    Console.WriteLine(q.Larghezza + "" + q.Altezza); //scrive 5 5
    // il calcolo dell'area viene fatto dal metodo ereditato
```

```
    Console.WriteLine(q.CalcolaArea());  // calcola e scrive 25
}
```

Assegnazioni valide

L'ereditarietà porta a dire che un oggetto di tipo Studente è anche una Persona e che un oggetto di tipo Professore è anche una Persona.

Pertanto le seguenti assegnazioni sono valide:

Persona p1 = new Persona();

Persona p2 = new Studente();   // assegnazione valida

Persona p3 = new Professore(); // assegnazione valida

Ma non vale il viceversa: un oggetto di tipo Persona non può essere considerato come se fosse uno Studente e nemmeno come se fosse un Professore!

Osservazione

Quando si crea un nuovo Form non si scrive tutto il codice da zero ma si crea la classe Form1 che estende la classe base Form, che rappresenta un Form vuoto, da cui si eredita una serie di metodi e funzionalità di base.
Pertanto il programmatore dovrà semplicemente aggiungere i propri attributi, i controlli grafici e i metodi per la gestione degli attributi stessi.

```
public class Form1: Form
{
  // attributi
  // controlli grafici
  // metodi
  // gestione eventi
}
```

Overriding di metodi della classe base

Le classi derivate non solo possono estendere la classe base, aggiungendo attributi (o proprietà) e metodi specifici, ma possono anche ridefinire (override) alcuni metodi già definiti nella classe base, sempre con lo scopo di adattarne il comportamento alle esigenze specifiche della classe derivata.

Per fare un esempio pratico, si aggiunge alla classe Persona il metodo Saluta() che esprime il suo modo di salutare:

```
public class Persona
{
  ...

  public virtual string Saluta()
  { return "salve"; }

}
```

Il termine "virtual" esprime il fatto che si autorizzano le classi derivate a ridefinire tale metodo qualora lo volessero fare. Pertanto le classi Studente e Professore possono ridefinire il saluto:

```
public class Studente :Persona
{
  ...
  public override string Saluta()
  { return "ciao fra!"; }

}
```

```
public class Professore: Persona
{
  ...
  public override string Saluta()
  { return "buongiorno"; }
}
```

L'uso dei termini *virtual* e *override* costringe il programmatore a rendere esplicite le sue intenzioni, evitando così situazioni in cui nella classe derivata si definisca accidentalmente un metodo con lo stesso nome di un metodo presente nella classe base.

Polimorfismo

Il vantaggio che si ha quando si ridefinisce un metodo della classe base è il **polimorfismo**, ovvero il comportamento personalizzato di un metodo in base al tipo dell'oggetto interessato.

La scelta dell'effettivo metodo da utilizzare viene fatto a tempo di esecuzione (si parla di "late binding") a seconda del tipo dell'oggetto che effettua la chiamata, non in base al tipo della variabile che contiene l'oggetto.

Esempio:

```
Persona p1 = new Persona();
Persona p2 = new Studente();
Persona p3 = new Professore();
Console.WriteLine(p1.Saluta()); // "salve"
Console.WriteLine(p2.Saluta()); // "ciao fra!"
Console.WriteLine(p3.Saluta()); // "buongiorno"
```

Si noti come, pur essendo tutte e tre le variabili di tipo Persona, il metodo Saluta() che viene utilizzato dipende dall'effettivo tipo dell'oggetto che è stato messo dentro tali variabili.

Nota: in assenza del Polimorfismo, il vecchio programmatore avrebbe dovuto impostare in stile procedurale, per ciascuna delle tre variabili, una struttura condizionale multipla come la seguente:

```
if (p1 is Persona)
{ Console.WriteLine("salve"); }
```

```
else if (p1 is Studente)
{ Console.WriteLine("ciao fra!"); }
else if (p1 is Professore)
{ Console.WriteLine("buongiorno"); }
```

Ma in questo modo il programmatore deve conoscere i diversi comportamenti di tutti i tipi di persona, mentre con il polimorfismo l'effettivo comportamento dei metodi è codificato all'interno delle singole classi, facilitando di molto il programmatore a cui basta scrivere semplicemente:

Console.WriteLine(p1.Saluta());

Overloading e Polimorfismo

Il Polimorfismo esisteva anche prima dell'avvento della programmazione ad oggetti; esso era associato all'**overloading** delle funzioni, ovvero alla presenza di più versioni di una funzione che differivano solo per il numero ed il tipo degli argomenti.

Anche oggi si può beneficiare della possibilità di definire nella stessa classe più metodi o più costruttori che differiscono solo per il numero ed il tipo dei parametri di input.

Ad esempio il metodo Console.WriteLine(x) ha diverse versioni una per ciascun possibile tipo del parametro x.

In particolare anche gli operatori di somma + e divisione / sono polimorfici; infatti essi si comportano in modo differente a seconda del tipo degli operandi:

5 + 3 = 8 // somma di numeri
"ciao" + " mamma" = "ciao mamma" // concatenazione di stringhe
10 / 3 = 3 // divisione intera
10.0 / 3 = 3.333333 // divisione reale

Il Casting

Il vantaggio di poter assegnare ad una variabile del tipo base (es.: Persona) anche oggetti dei tipi derivati (come Studente e Professore) è il fatto di poter trattare nello stesso modo gli oggetti di questi tipi, che quindi si possono mettere tutti assieme nella stessa struttura dati in memoria e trattare in modo uniforme con un ciclo di elaborazione.

Si deve però prestare attenzione al fatto che tutti gli oggetti che si trovano in una variabile del tipo base consentono di accedere direttamente ai soli attributi/proprietà e metodi definiti nella classe base.

Ad esempio, ad un oggetto di tipo Studente contenuto in una variabile di tipo Persona si possono chiedere nome, età, sesso e fargli fare il compleanno, come se fosse effettivamente una persona normale. Non risulta però possibile né interrogarlo né chiedergli il voto; infatti, esso è visto e considerato semplicemente come una persona normale!

Se si desidera accedere agli attributi/proprietà specifici dell'oggetto del tipo derivato e utilizzare i suoi metodi particolari, allora lo si deve "trasformare" per poterlo considerare totalmente per quello che è.

Non si tratta di modificare i bit dell'oggetto ma soltanto di cambiare il modo in cui questo viene visto: si tratta dell'operazione di CASTING.

CASTING = guardare in modo diverso un oggetto

Per fare il casting di uno studente visto come persona si scrive:

Persona p = new Studente();

Studente s = (Studente) p;   // casting

oppure

Studente s = p as Studente; // casting

Prima del casting e' sempre opportuno effettuare un controllo sull'effettivo tipo dell'oggetto considerato, per evitare un errore runtime:

```
if (p is Studente)
{ Studente s = p as Studente; }
```

Esempio:

```
Persona p = new Studente() { Nome="gianni", Età=22, Voto=9 };
Console.WriteLine(p.Nome);   // scrive "gianni"
Console.WriteLine(p.Voto);   // errore di compilazione
      // 'Persona' non contiene la definizione di 'Voto'
      // è necessario effettuare un CASTING
Studente s = (Studente) p;
// ora si può vedere il voto
Console.WriteLine(s.Voto);   // scrive 9
Console.WriteLine((p as Studente).Voto);   // un altro modo
```

ESEMPIO APPLICATIVO

Si vuole gestire l'elenco delle persone (studenti e professori) che lavorano in una scuola. In particolare si richiede un metodo per contare il numero di studenti promossi.

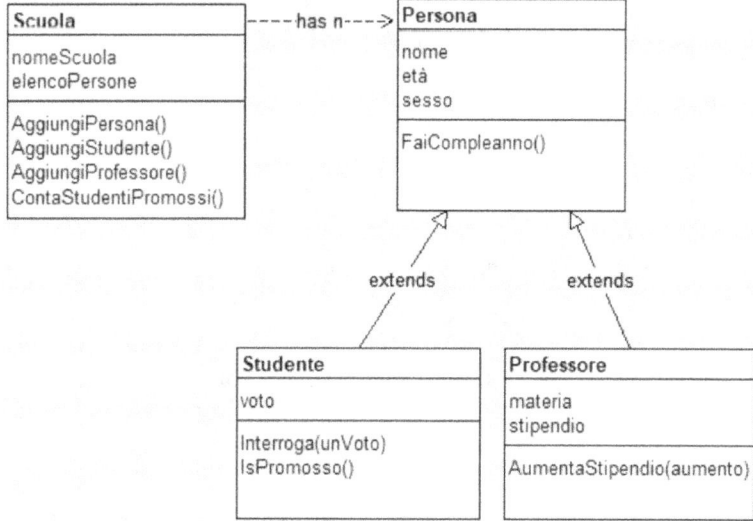

Diagramma delle classi

La classe Scuola contiene e gestisce l'elenco delle persone.
Si noti che nella lista di Persone si possono caricare persone normali, studenti e professori:

```csharp
public class Scuola
{
  public string NomeScuola {get; set;}
  public List<Persona> ElencoPersone {get; private set;}

  public Scuola()
  { ElencoPersone = new List<Persona>(); }

  public void AggiungiPersona(string nome, int età, char sesso)
  {
    Persona p = new Persona(){Nome=nome, Età=età, Sesso=sesso};
    ElencoPersone.Add(p);
  }

  public void AggiungiStudente(string nome, int età, char sesso,
                               int voto)
  {
    Studente s = new Studente(){Nome=nome, Età=età, Sesso=sesso,
                                Voto=voto};
    ElencoPersone.Add(s);
  }

  public void AggiungiProfessore(string nome, int età,
              char sesso, string materia, double stipendio)
  {
    Professore p = new Professore(){Nome=nome, Età=età,
            Sesso=sesso, Materia=materia, Stipendio=stipendio};
    ElencoPersone.Add(p);
  }

  public int ContaStudentiPromossi()
  {
    int n = 0;
    foreach(Persona p in ElencoPersone)
    {
      if (p is Studente)
      {
        Studente s = (Studente) p;  // casting
        if (s.IsPromosso())
        { n++; }
      }
    }
    return n;
  }
}
```

Interpretazione intuitiva

Se un professore incontra uno Studente al mercato non lo può interrogare e dargli un voto perché in quel momento lo Studente viene visto come una Persona comune.

Solo quando lo Studente entra a scuola egli viene visto effettivamente come uno Studente e quindi può essere interrogato

La superclasse universale Object

Tutte le classi derivano implicitamente dalla superclasse universale Object, che usualmente si scrive in minuscolo: **object**.

Questa classe definisce alcuni metodi di uso estremamente generale che sono ereditati automaticamente da tutte le classi. In particolare si citano i metodi:

- Equals(object o): per effettuare il confronto di uguaglianza di valore tra oggetti.
- ToString(): produce una stringa di testo che descrive l'oggetto della classe.

In particolare, il metodo ToString() restituisce sotto forma di stringa il nome della classe a cui appartiene l'oggetto:

```
Studente s = new Studente() { Nome = "gianni" };
Console.WriteLine(s.ToString());  // scrive  Studente
```

La suddetta istruzione equivale a scrivere semplicemente:

```
Console.WriteLine(s);  // scrive  Studente
```

Generalmente risulta conveniente ridefinire tali metodi per personalizzarne il comportamento nelle diverse classi.

Ad esempio, si potrebbe ridefinire il metodo ToString() per lo Studente in modo che esso restituisca una stringa con i suoi dati:

```
public class Studente
{
```

```
  ...

  public override string ToString()
  { return Nome + "" + Età + "" + Voto; }
}
```

Pertanto, si ottiene il seguente nuovo comportamento:

```
Studente s = new Studente() { Nome="gianni", Età=20, Voto=9 };
Console.WriteLine(s.ToString());  // scrive  "gianni 20 9"
Console.WriteLine(s);  // scrive "gianni 20 9"
// quest'ultima istruzione sfrutta il fatto che il metodo
// WriteLine chiama implicitamente il metodo ToString()
// dell'oggetto da stampare
```

VERIFICA LE TUE COMPETENZE 1

Uno spedizioniere deve gestire un elenco di pacchi, alcuni dei quali sono in contrassegno. I pacchi normali hanno un numero identificativo, una destinazione e un peso; quelli in contrassegno hanno in aggiunta l'importo del contrassegno.

Lo spedizioniere deve poter effettuare la ricerca del pacco che ha un determinato id, recuperare l'elenco dei pacchi che hanno una determinata destinazione e calcolare l'importo totale dei pacchi in contrassegno.

Redigere il diagramma delle classi e scrivere il codice corrispondente.

Soluzione:

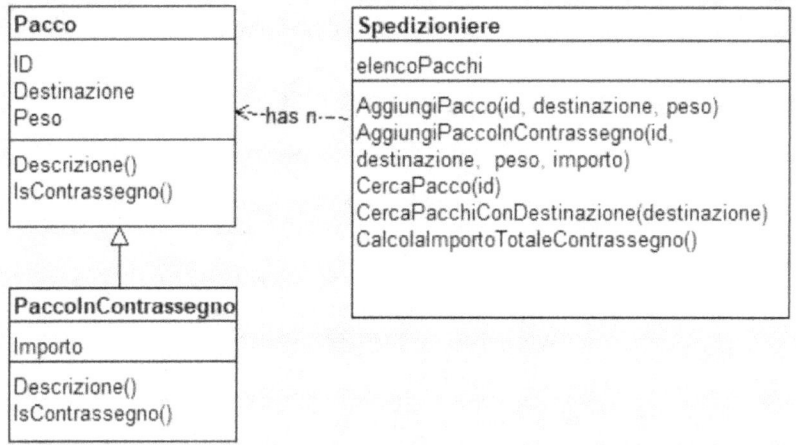

Diagramma delle classi dello spedizioniere

```
public class Pacco
{
  public int ID {get; set;}
  public string Destinazione {get; set;}
  public double Peso {get; set;}
  public virtual string Descrizione()
  { return "pacco " + ID + "" + Destinazione + "" + Peso; }
  public virtual bool IsContrassegno()
  { return false; }
}

// il metodo Descrizione riprende la descrizione fornita
// dalla classe base e vi aggiunge l'importo del contrassegno
public class PaccoInContrassegno: Pacco
{
  public double Importo {get; set;}
  public override string Descrizione()
  { return base.Descrizione() + " contrassegno " + Importo; }
  public override bool IsContrassegno()
  { return true; }
}

public class Spedizioniere
{
  public List<Pacco> ElencoPacchi {get; private set;}

  public Spedizioniere()
  { ElencoPacchi = new List<Pacco>(); }
```

```csharp
public void AggiungiPacco(int id, string dest, double peso)
{
  ElencoPacchi.Add(new Pacco() {ID = id,
                   Destinazione = destinazione, Peso = peso});
}

public void AggiungiPaccoInContrassegno(int id, string dest,
                                 double peso, double importo)
{
  ElencoPacchi.Add(new PaccoInContrassegno() {
              ID = id, Destinazione = destinazione,
              Peso = peso, Importo = importo});
}

// ritorna null se il pacco non c'è
public Pacco CercaPacco(int id)
{
  Pacco risultato = null;  // non trovato
  int i = 0;
  while (i < ElencoPacchi.Count && risultato == null)
  {
    if (ElencoPacchi[i].ID == id)
    { risultato = ElencoPacchi[i]; }
    else
    { i++; }
  }
  return risultato;
}

public List<Pacco> CercaPacchiConDestinazione(string dest)
{
  List<Pacco> lista = new List<Pacco>();
  foreach(Pacco p in ElencoPacchi)
  {
    if (p.Destinazione == dest)
    { lista.Add(p); }
  }
  return lista;
}

public double CalcolaImportoTotaleContrassegno()
{
  double totale = 0;
  foreach (Pacco p in ElencoPacchi)
  {
    if (p.IsContrassegno())
    {
      // faccio il casting per poterne leggere l'importo
```

```
      PaccoContrassegno appo = p as PaccoContrassegno;
      totale = totale + appo.Importo;
    }
  }
  return totale;
  }
}
```

A titolo esemplificativo si scrivono le istruzioni per creare uno spedizioniere con alcuni pacchi:

```
Spedizioniere s = new Spedizioniere();
s.AggiungiPacco(1, "treviso", 10);
s.AggiungiPacco(2, "padova", 6.5);
s.AggiungiPacco(3, "treviso", 14);
s.AggiungiPaccoInContrassegno(4, "treviso", 1.2, 250);
Console.WriteLine(s.CalcolaImportoTotaleContrassegno()); // 250
```

20.Classi astratte

Talvolta una gerarchia di tipi ha come classe base un tipo talmente generale che non si è in grado di scrivere in modo completo il codice dei suoi metodi.

In tal caso si parla di "**classe astratta**", ovvero di una classe i cui metodi non sono tutti completamente definiti.

Ad esempio si consideri la classe Strumento che rappresenta un generico strumento musicale.

Essa prevede un metodo Suona() per produrre un suono, ma non si è in grado di produrre niente di concreto finchè non si conosce il tipo particolare di strumento, pertanto nella classe Strumento il metodo suona non può che rimanere vuoto: si parla di **metodo astratto**.

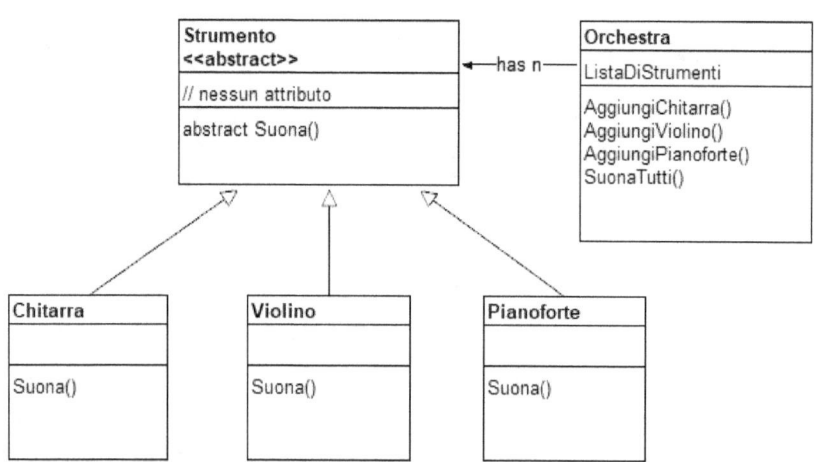

Un'orchestra di strumenti musicali

```
public abstract class Strumento
{
  // il metodo astratto è senza codice
  public abstract void Suona();
}
```

In generale una classe astratta può anche contenere attributi/proprietà e metodi concreti. Il fatto che la rende "astratta" è la sua incompletezza: esiste almeno un metodo astratto, ovvero senza codice.

Il fatto che la classe sia astratta impedisce di creare un oggetto in quanto esso non sarebbe completamente definito:

Strumento s = new Strumento(); // NON SI PUO' FARE!!!

Le sottoclassi concrete sono obbligate a ridefinire i metodi astratti della classe base da cui derivano:

```
using System.Media;  // si utilizza la classe SoundPlayer per
                     // riprodurre suoni in formato WAVE

public class Chitarra: Strumento
{
  public override void Suona()
  {
    SoundPlayer player = new SoundPlayer();
    player.SoundLocation = @"C:\Musica\chitarra.wav";
    player.PlaySync();  // play sincrono
  }
}

public class Violino: Strumento
{
  public override void Suona()
  {
    SoundPlayer player = new SoundPlayer();
    player.SoundLocation = @"C:\Musica\violino.wav";
    player.PlaySync();
  }
}

public class Pianoforte: Strumento
{
  public override void Suona()
  {
    SoundPlayer player = new SoundPlayer();
```

```
    player.SoundLocation = @"C:\Musica\piano.wav";
    player.PlaySync();
  }
}
```

La classe Orchestra gestisce una lista di strumenti e li fa suonare uno di seguito all'altro.

```
public class Orchestra
{
  public List<Strumento> ListaStrumenti {get; private set;}

  public Orchestra()
  { ListaStrumenti = new List<Strumento>(); }

  public void AggiungiChitarra()
  { ListaStrumenti.Add(new Chitarra()); }

  public void AggiungiViolino()
  { ListaStrumenti.Add(new Violino()); }

  public void AggiungiPianoforte()
  { ListaStrumenti.Add(new Pianoforte()); }

  public void SuonaTutti()
  {
    foreach(Strumento s in ListaStrumenti)
    { s.Suona(); }
  }
}
```

L'utilità di una classe astratta è quella di consentire di trattare in modo omogeneo diversi tipi di oggetti che hanno in comune il fatto di essere derivati dalla medesima classe base; nell'esempio presentato, si può fare una lista di Strumenti e chiedere a tutti di suonare.

ESERCIZIO 20.1

FATTORIA DEGLI ANIMALI

Si deve scrivere un programma per gestire una fattoria contenente un elenco di animali di diverse specie (mucche, galline, ...) per poter recuperare la lista del mangime da fornire agli stessi. Ogni animale ha un nome e un alimento che può mangiare.

Soluzione:

Innanzitutto si redige il diagramma delle classi:

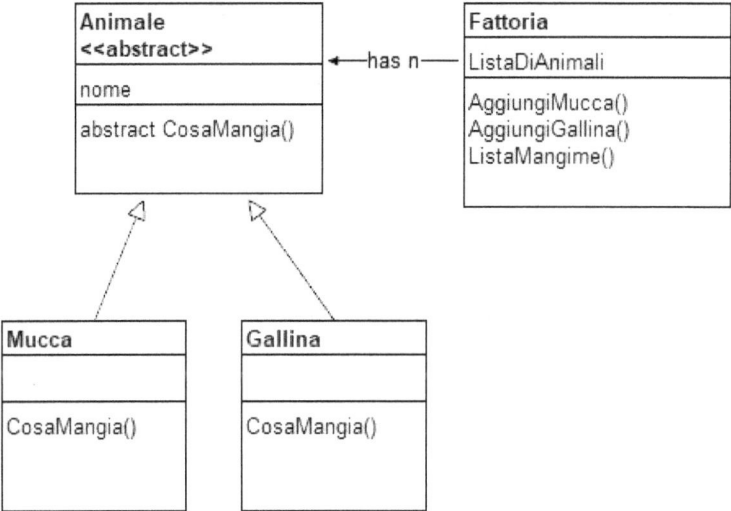

La fattoria degli animali

```
public abstract class Animale
{
   public string Nome {get;set;}
   public abstract string CosaMangia();
}

public class Mucca: Animale
{
   public override string CosaMangia()
   { return "fieno";}
```

```
}

public class Gallina: Animale
{
  public override string CosaMangia()
  { return "mais";}
}
```

```
public class Fattoria
{
  public List<Animale> ListaAnimali {get; private set;}

  public Fattoria()
  { ListaAnimali = new List<Animale>(); }

  public void AggiungiMucca(string nome)
  { ListaAnimali.Add(new Mucca() { Nome = nome });}

  public void AggiungiGallina(string nome)
  { ListaAnimali.Add(new Gallina() { Nome = nome });}

  public void List<string> ListaMangime()
  {
    List<string> elenco = new List<string>();
    foreach (Animale a in ListaAnimali)
    { elenco.Add(a.CosaMangia()); }
    return elenco;
  }
}
```

Il metodo Main() consente di effettuare un test della applicazione:

```
public static void Main()
{
  Fattoria f = new Fattoria();
  f.AggiungiMucca("bianchina");
  f.AggiungiMucca("lolla");
  f.AggiungiGallina("nerina");
  foreach (string s in f.ListaMangime())
  { Console.WriteLine(s); }
}
```

Si ottiene:
fieno
fieno
mais

ESERCIZIO 20.2

DISEGNO CAD

Scrivere un programma che consente di effettuare un disegno vettoriale.

Cenno di soluzione:

Si propone una semplice soluzione con due tipi di figure: Linea e Curva e si prevede di effettuare un disegno fisso senza input da parte dell'utente.

La struttura delle classi è la seguente:

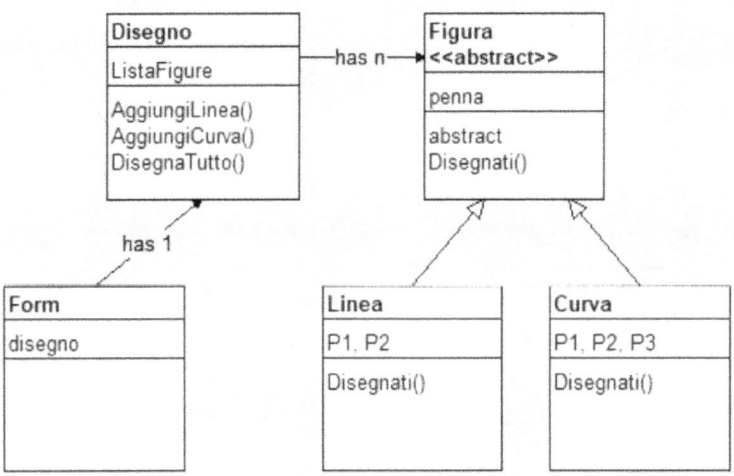

Disegno CAD

La classe astratta Figura prevede una penna e il metodo astratto Disegnati() che prevede che ciascuna figura disegni se stessa sull'oggetto Graphics fornito al metodo in questione.

```
using System.Drawing;

public abstract class Figura
{
   public Pen Penna { get; set; }
```

```
  public abstract void Disegnati(Graphics g);
}


public class Linea: Figura
{
  public Point P1 { get; set; }
  public Point P2 { get; set; }

  public override void Disegnati(Graphics g)
  { g.DrawLine(Penna, P1, P2); }
}


public class Curva: Figura
{

  public Point P1 { get; set; }
  public Point P2 { get; set; }
  public Point P3 { get; set; }

  public override void Disegnati(Graphics g)
  { g.DrawCurve(Penna, new Point[] { P1, P2, P3 } ); }
}
```

La classe Disegno contiene e gestisce una lista di figure:

```
using System.Drawing;

public class Disegno
{
  public List<Figura> ListaFigure {get; private set;}

  public Disegno()
  { ListaFigure = new List<Figura>(); }

  public void AggiungiCurva(Pen p, Point p1, Point p2, Point p3)
  {
    ListaFigure.Add(new Curva(){Penna=p, P1=p1, P2=p2, P3=p3});
  }

  public void AggiungiLinea(Pen p, Point p1, Point p2)
  { ListaFigure.Add(new Linea(){Penna=p, P1=p1, P2=p2}); }

  public void DisegnaTutto(Graphics g)
  {
    foreach (Figura f in ListaFigure)
```

```
    { f.Disegnati(g); }
  }
}
```

Il Form essenzialmente contiene un disegno e il pulsante per visualizzarlo:

```
public class Form1: Form
{
 // attributi
  private Disegno d;

  public Form1()
  {
    d = new Disegno();
    InitializeComponent();
  }

  // pulsante "disegna"
  private void buttonDisegna_Click(object sender, EventArgs e)
  {
    // ricavo l'oggetto Graphics dal picture box
    Graphics g = pictureBox1.CreateGraphics();
    Pen p = new Pen(Color.Blue, 3);
    d.AggiungiLinea(p, new Point(0,0), new Point(200,40));
    d.AggiungiLinea(p, new Point(200,40),new Point(200,140));
    d.AggiungiLinea(p, new Point(200,140), new Point(0,0));
    Pen r = new Pen(Color.Black, 2);
    d.AggiungiCurva(r, new Point(320, 50), new Point(360,120),
                    new Point(230,120));
    d.DisegnaTutto(g);
  }
}
```

Per il disegno si utilizza un PictureBox da cui si estrae l'oggetto Graphics su cui si andrà ad effettuare il disegno.
Il pulsante "disegna" produce un disegno fisso.

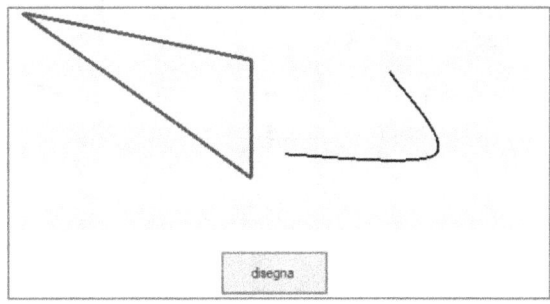

Schermata con il disegno effettuato

Proposta di approfondimento: aggiungere al programma la possibilità per l'utente di interagire disegnando interattivamente una figura.

A tal fine si potrebbero aggiungere al form dei pulsanti per scegliere il tipo di figura: tale scelta va memorizzata in un apposito attributo aggiunto alla classe Form.

Si deve poi aggiungere la gestione dell'evento Click del Mouse sull'oggetto picture box in modo tale che, quando l'utente clicca, venga memorizzato in una lista il punto dove si è cliccato.

Tale lista di punti deve anch'essa essere aggiunta agli attributi del Form. In questo modo, ogni volta che l'utente clicca si aggiunge un punto alla lista dei punti memorizzati.

Nel caso in cui si abbia scelto la figura LINEA, si aspetta di avere 2 punti nella lista e poi si crea la linea, la si aggiunge al disegno, si ridisegna tutto e si svuota la lista dei punti memorizzati. Analogamente se si vuole disegnare una CURVA.

VERIFICA LE TUE COMPETENZE 2

E' dato il diagramma delle classi di una applicazione bancaria.

Si ricorda che il Fido è il valore consentito di sforamento in negativo del saldo del conto bancario: esempio, con fido di 10000 euro si possono prelevare somme di denaro fino ad arrivare al massimo a -10000 euro di saldo negativo.

Periodicamente la banca controlla se ci sono clienti che hanno prelevato oltre il fido concesso.

I conti al portatore possono avere un saldo massimo di 5000 euro; anche in questo caso la banca effettuerà dei controlli.

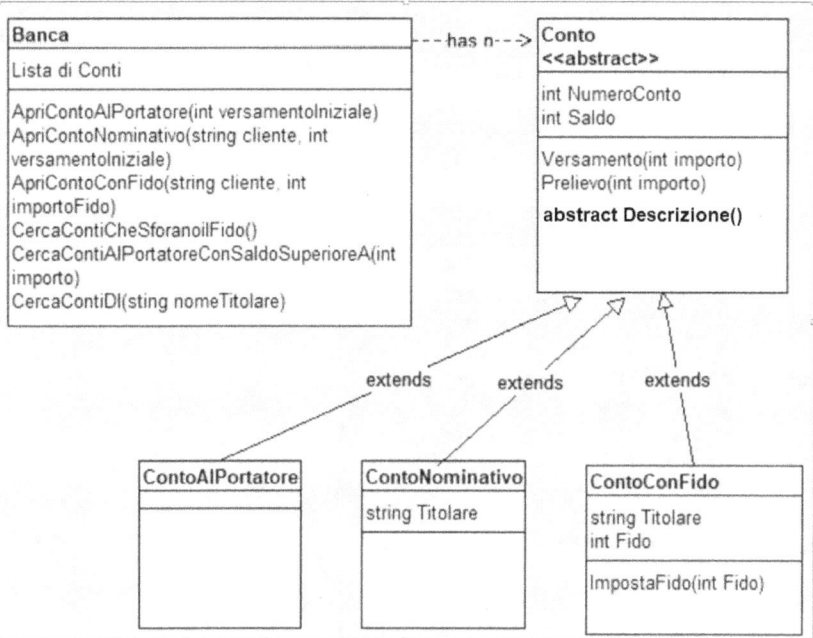

Diagramma delle classi di una applicazione bancaria

I metodi di versamento e prelievo vanno a modificare il saldo del conto.

Il Numero di Conto che viene assegnato a ciascun nuovo conto coincide con l'indice della componente dell'array (o Lista) dove viene inserito il conto.

Il metodo Main() della classe Program, crea una Banca, apre un conto al portatore con 3000 euro e poi versa altri 3000 euro sullo stesso conto.

Poi si crea un conto con Fido di 10000 euro intestato a "Mario Rossi" e si prelevano 8000 euro.

Poi si stampano su console i numeri dei conti e il saldo di quelli al portatore che eccedono i 5000 euro.

Scrivere il codice delle suddette classi e il codice del metodo Main().

Soluzione:

```csharp
public abstract class Conto
{
  public int NumeroConto {get; set;}
  public int Saldo {get; set;}
  public void Versamento(int importo)
  { Saldo = Saldo + importo; }
  public void Prelievo(int importo)
  { Saldo = Saldo - importo; }
  public abstract string Descrizione();
}

public class ContoAlPortatore: Conto
{
  public override string Descrizione()
  { return "conto al portatore";}
}

public class ContoNominativo: Conto
{
  public string Titolare {get; set;}
  public override string Descrizione()
  { return "conto nominativo";}
}

public class ContoConFido: Conto
{
  public string Titolare {get; set;}
  public int Fido {get; set;}
  public void ImpostaFido(int fido)
  { Fido = fido; }
  public override string Descrizione()
  { return "conto con fido";}
}

public class Banca
{
  public List<Conto> ListaConti {get; private set;}

  public Banca()
  { ListaConti = new List<Conto>(); }

  // restituisce il numero del conto aperto
  public int ApriContoAlPortatore(int versamentoiniziale)
  {
    int n = ListaConti.Count; // numero di conti esistenti
    ContoAlPortatore c = new ContoAlPortatore(){NumeroConto=n};
    c.Versamento(versamentoiniziale);
```

```
      ListaConti.Add(c);
      return n;
}

public int ApriContoNominativo(string cliente, int versamento)
{
    int n = ListaConti.Count; // numero di conti esistenti
    ContoNominativo c = new ContoNominativo()
                        { NumeroConto = n, Titolare = cliente };
    c.Versamento(versamento);
    ListaConti.Add(c);
    return n;
}

public int ApriContoConFido(string cliente, int fido)
{
    int n = ListaConti.Count; // numero di conti esistenti
    ContoConFido c = new ContoConFido() { NumeroConto = n };
    c.ImpostaFido(fido);
    ListaConti.Add(c);
    return n;
}

public List<ContoConFido> CercaContiCheSforanoIlFido()
{
  List<ContoConFido> risultato = new List<ContoConFido>();
  foreach (Conto c in ListaConti)
  {
    if(c is ContoConFido)
    {
      ContoConFido appo = c as ContoConFido; // casting
      if (appo.Saldo < -appo.Fido)
      { risultato.Add(appo); }
    }
  }
  return risultato;
}

public List<ContoAlPortatore>
        CercaContiAlPortatoreConSaldoSuperioreA(int importo)
{
  List<ContoAlPortatore> ris = new List<ContoAlPortatore>();
  foreach (Conto c in ListaConti)
  {
    if (c is ContoAlPortatore)
    {
      ContoAlPortatore appo = c as ContoAlPortatore; // casting
      if (appo.Saldo > importo)
      { ris.Add(appo); }
```

61

```
        }
    }
    return ris;
}

public List<Conto> CercaContiDi(string nomeTitolare)
{
    List<Conto> risultato = new List<Conto>();
    foreach (Conto c in ListaConti)
    {
        if (c is ContoNominativo)
        {
            ContoNominativo appo = c as ContoNominativo;
            if (appo.Titolare == nomeTitolare)
            { risultato.Add(c); }
        }
        else if (c is ContoConFido)
        {
            ContoConFido appo = c as ContoConFido;
            if (appo.Titolare == nomeTitolare)
            { risultato.Add(c); }
        }
    }
    return risultato;
}
}

public class Program
{
  public static void Main()
  {
    Banca b = new Banca();
    int numeroConto = b. ApriContoAlPortatore(3000);
    Conto c = b.ListaConti[numeroConto];
    c.Versamento(3000);
    numeroConto = b. ApriContoConFido("Mario Rossi", 10000);
    Conto c = b.ListaConti[numeroConto];
    c.Prelievo(8000);
    List<ContoAlPortatore> lista =
        b.CercaContiAlPortatoreConSaldoSuperioreA(5000);
    foreach (ContoAlPortatore c in lista)
    { Console.WriteLine(c.NumeroConto + "" + c.Saldo); }
  }
}
```

21.Implementazione di Interfacce

Le Interfacce sono come delle classi astratte pure, ovvero prive di attributi e contenenti soltanto metodi astratti.

Le Interfacce sono molto importanti perché consentono di introdurre un ulteriore livello di astrazione nel codice, in quanto esse rappresentano delle funzionalità generali che qualche classe concreta dovrà realizzare (**"implement"**).

Le Interfacce vengono usate tipicamente per descrivere delle caratteristiche funzionali che risultano trasversali rispetto alle gerarchie di classi già presenti nell'applicazione e che pertanto possono coinvolgere classi appartenenti a diverse di queste gerarchie.

> **Nota**: Nei linguaggi moderni non viene consentita l'ereditarietà multipla di una classe derivata da più classi base.
> Questa limitazione è stata introdotta per evitare situazioni di ambiguità e di conflitto che si possono verificare quando nelle classi base ci sono attributi e metodi con lo stesso nome che dovrebbero tutti essere ereditati dalla classe in questione.
> E' invece consentito che una classe erediti da una classe base e al tempo stesso implementi più interfacce.

Tipicamente quando si pensa ad una classe la si considera inserita in una gerarchia di classi che rappresenta la sua natura.

Così le classi Studente e Professore sono una specializzazione di Persona; le classi Chitarra, Violino, Pianoforte sono una concretizzazione di Strumento; le classi Linea e Curva sono delle Figure.

Esempio: si suppone di volere costituire un complesso musicale composto da alcuni strumenti musicali e anche da una persona che fa da rumorista.

Il seguente diagramma delle classi illustra la situazione dove trasversalmente alla gerarchia degli strumenti musicali e a quella delle persone si pone il ruolo di ISuonatore (le interfacce hanno convenzionalmente nomi che iniziano sempre con la lettera I) descritto dall'apposita Interfaccia mediante il metodo Suona().

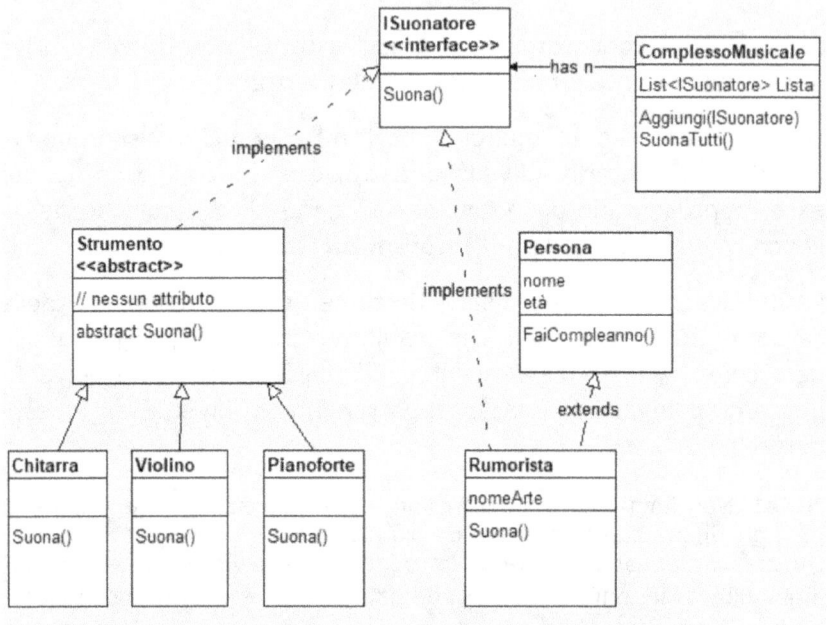

La trasversalità del ruolo di ISuonatore

La classe ComplessoMusicale ha una lista di oggetti che implementano l'interfaccia ISuonatore ed è in grado di farli suonare tutti assieme.

La definizione dell'Interfaccia ISuonatore è la seguente:

```
public interface ISuonatore
{
   voidSuona(); // è sottointeso "public abstract"
}
```

La classe Strumento deve anche specificare che implementa l'interfaccia ISuonatore (si usa ":" come per l'ereditarietà)

```
public abstract class Strumento: ISuonatore
{
  public abstract void Suona();
}
```

La classe Rumorista deriva da Persona e implementa ISuonatore:

```
using System.Media;

public class Rumorista: Persona, ISuonatore
{
  public string NomeArte {get; set;}

  // implementazione del metodo Suona() dell'ISuonatore
  // notare che non si deve specificare "override"
  public void Suona()
  {
    SoundPlayer player = new SoundPlayer();
    player.SoundLocation = @"C:\Musica\beatbox.wav";
    player.PlaySync();
  }
}
```

La classe ComplessoMusicale gestisce una lista i oggetti che implementano l'interfaccia ISuonatore. Infatti, si vuole essere sicuri che tutti sappiano suonare!

```
public class ComplessoMusicale
{
  public List<ISuonatore> Lista {get; private set;}

  public ComplessoMusicale()
  { Lista = new List<ISuonatore>(); }

  public void Aggiungi(ISuonatore suonatore)
  { Lista.Add(suonatore); }

  public void SuonaTutti()
  {
    foreach(ISuonatore s in Lista)
    { s.Suona(); }
  }
}
```

Alla variabile suonatore, che è di tipo ISuonatore, possono essere assegnati oggetti di tutte le classi che implementano tale interfaccia.

Uso di Interfacce per la prototipazione

L'utilizzo delle Interfacce facilita la realizzazione di un prototipo di una applicazione software.

Si consideri ad esempio una applicazione di gestione dati che è finalizzata a lavorare su un database.

Per giungere rapidamente alla realizzazione di un prototipo della stessa conviene concentrarsi sulle modalità di dialogo con l'utente, in modo da far intuire al committente come verranno sviluppate le funzionalità dell'applicazione, e poter così concordare con lui le linee di sviluppo del prodotto.

Dovrà, invece, essere tralasciato tutto il lavoro necessario per l'interfacciamento e l'utilizzo del database.

Occorre pertanto programmare una gestione flessibile della fonte dei dati utilizzata nell'applicazione.

A tal fine, si ricorre alla definizione di apposite Interfacce per descrivere le funzionalità che la fonte dei dati deve poter svolgere.

Ad esempio l'interfaccia IDatabase definisce in modo astratto i metodi di accesso ai dati previsti dall'applicazione:

```
public interface IDatabase
{
    // i metodi astratti per l'accesso ai dati
    List<Cliente> RecuperaTuttiClienti();
    Cliente RecuperaClientePerCodice(int unCodice);
    void InserisciCliente(int unCodice, string unNome);
}
```

Si è fatto riferimento alla classe Cliente con le proprietà Codice e Nome.

Poi si crea la classe DatabaseFasullo che implementa in modo fittizio i metodi previsti dall'interfaccia IDatabase:

```
public class DatabaseFasullo: IDatabase
{
  // non accede al database ma si limita a fornire
  // una lista di dati fissi
  public List<Cliente> RecuperaTuttiClienti()
  {
    List<Cliente> lista = new List<Cliente>();
    lista.Add(new Cliente(){ Codice=1, Nome="Alfa" };
    lista.Add(new Cliente(){ Codice=2, Nome="Beta" };
    lista.Add(new Cliente(){ Codice=4, Nome="Delta" };
    return lista;
}

  // suppone che l'input sia fissato con unCodice=1
  public Cliente RecuperaClientePerCodice(int unCodice)
  {
    return lista[0];  // restituisce sempre il primo cliente
  }

  // finge di inserire un nuovo cliente
  public void InserisciCliente(int unCodice, string unNome)
  {
    // non faccio nulla
  }
}
```

In questo modo risulta possibile realizzare velocemente un prototipo dell'applicazione utilizzando come classe concreta DatabaseFasullo che finge l'esistenza di un database restituendo dati fissi e fittizi e fingendo di effettuare operazioni di inserimento e aggiornamento dei dati.

Quando invece sarà il momento di sviluppare il prodotto finale, dopo aver effettivamente creato il database, si scriverà la classe DatabaseEffettivo con le istruzioni per accedere veramente ai dati.

```csharp
public class DatabaseEffettivo: IDatabase
{
  public List<Cliente> RecuperaTuttiClienti()
  {
    List<Cliente> lista = new List<Cliente>();
    // istruzioni di accesso al database
    ...
    return lista;
  }

  public Cliente RecuperaClientePerCodice(int unCodice)
  {
    Cliente cliente = null;   // non trovato
    // istruzioni di accesso al database
    ...
    return cliente;
  }

  public void InserisciCliente(int unCodice, string unNome)
  {
    // istruzioni di accesso al database
    // ed effettivo inserimento dei dati nel database
    ...
  }
}
```

In questo modo risulta immediato passare da una fonte dati all'altra modificando una sola riga del programma applicativo:

```csharp
IDatabase db = new DatabaseFasullo(); // uso un "mock object"
// oppure
IDatabase db = new DatabaseEffettivo();
```

Infatti, le istruzioni valide per il prototipo rimangono valide anche per la applicazione reale, come ad esempio la seguente:

```csharp
// ad esempio, l'utilizzo del metodo RecuperaTuttiClienti()
// resta invariato
List<Cliente> lista = db.RecuperaTuttiClienti();
```

Tipizzazione Dinamica

Nell'esempio del complesso musicale si nota che il diagramma delle classi risulta piuttosto complicato per la presenza di due gerarchie di tipi, quella degli strumenti e quella delle persone, che trovano un denominatore comune mediante l'interfaccia ISuonatore.

Questa organizzazione dei tipi consente al compilatore di controllare immediatamente se una classe utilizzatrice degli stessi, come la classe ComplessoMusicale, si comporta in modo corretto oppure no: la lista dei suonatori può contenere solo oggetti appartenenti a tipi che implementano l'interfaccia ISuonatore per essere sicuri che sappiano suonare!

Nei linguaggi moderni si tende a semplificare le situazioni di questo tipo per facilitare il lavoro del programmatore.

Infatti, ricorrendo alla cosiddetta **"tipizzazione dinamica"** si può creare una lista di oggetti di qualsiasi tipo a cui si può chiedere di fare qualsiasi operazione, salvo accorgersi a tempo di esecuzione se costoro sono in grado o meno di rispondere alla richiesta.

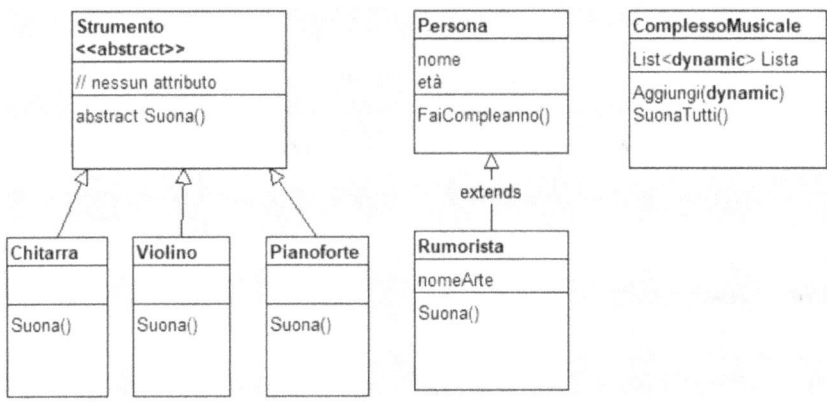

La semplificazione dovuta all'uso della tipizzazione dinamica

In pratica si perde la garanzia della correttezza formale del programma; ad esempio, si potrebbe aggiungere al complesso musicale un oggetto di tipo Rettangolo, che al momento di farlo suonare causerebbe un errore di esecuzione del programma.

Nel diagramma delle classi, si noti l'uso della parola chiave **"dynamic"** al posto della specificazione di un tipo di dati, sia nella dichiarazione della lista, sia nella dichiarazione del parametro di ingresso per il metodo Aggiungi.

Il codice della classe ComplessoMusicale il seguente:

```
// versione con tipizzazione dinamica
public class ComplessoMusicale
{
  public List<dynamic> Lista {get; private set;}

  public ComplessoMusicale()
  { Lista = new List<dynamic>(); }

  public void Aggiungi(dynamic suonatore)
  { Lista.Add(suonatore); }

  public void SuonaTutti()
  {
    foreach (ISuonatore s in Lista)
    { s.Suona(); }
  }
}
```

Quando viene richiesta l'esecuzione del metodo Suona(), si cerca tra i metodi dell'oggetto considerato se esiste un metodo con tale nome (si spera di sì!), altrimenti viene generato un errore runtime.

Tipizzazione dinamica in C#

Con la parla chiave **dynamic** si dichiarano variabili il cui tipo viene dedotto automaticamente dal sistema, a tempo di esecuzione, a seconda del tipo del valore o dell'oggetto che le viene assegnato.

Il seguente esempio mostra come alla stessa variabile possa essere assegnato un numero e successivamente anche una stringa.

Le operazioni previste dal codice non possono essere controllate dal compilatore e soltanto a tempo di esecuzione si scoprirà se i valori assegnati alle variabili dinamiche consentono l'effettuazione delle stesse oppure si genera un errore di esecuzione.

```
dynamic d = 30;
dynamic risultato = d * 2;
Console.WriteLine(risultato);  // scrive 60
d = "ciao";
Console.WriteLine(d); // scrive  ciao
```

Anche con gli oggetti la situazione è la stessa: si può assegnare ad una variabile dynamic un qualsiasi oggetto, salvo poi fidarsi di trovare tra i suoi metodi quello richiesto dal codice:

```
dynamic o = new Rumorista();
o.Suona();   // in questo caso è tutto ok
```

Per una interessante discussione sui pro e contro della tipizzazione dinamica si legga l'articolo di Laurent Tratt, "Dynamically Typed Languages" - Bournemouth University, United Kingdom - 2009- http://tratt.net/laurie/research/publications/html/tratt__dynamically_typed_languages/

22.Confronto tra oggetti

Uguaglianza di oggetti

Con i tipi di base, come int, double, char, bool e anche string, il confronto di uguaglianza di due valori avviene tranquillamente e in modo ovvio mediante l'operatore ==

Invece con gli oggetti la situazione richiede una maggiore attenzione in quanto una variabile oggetto contiene un <u>riferimento</u> alla zona di memoria dove sono memorizzati i valori degli attributi dell'oggetto stesso.

Può verificarsi il caso in cui due variabili oggetto facciano riferimento allo stesso oggetto in memoria:

```
Persona p1 = new Persona("gianni", 42, 'M');
Persona p2 = p1;  // si riferisce sempre a gianni
```

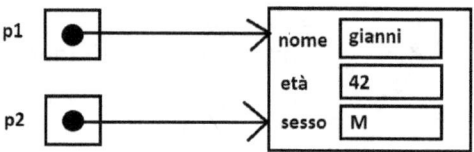

Due variabili che fanno riferimento al medesimo oggetto

In questo caso le due variabili oggetto sono uguali, nel senso che contengono esattamente lo stesso indirizzo di memoria, ovvero il confronto **p1 == p2** risulta vero. Si parla anche di **identità** degli oggetti puntati da p1 e p2, in quanto in effetti si tratta fisicamente dello stesso oggetto in memoria.

Una situazione differente la si ha quando ci sono due oggetti distinti seppure con gli attributi aventi uguali valori:

```
Persona p1 = new Persona("gianni", 42, 'M');
Persona p2 = new Persona("gianni", 42, 'M'); // è un altro gianni
```

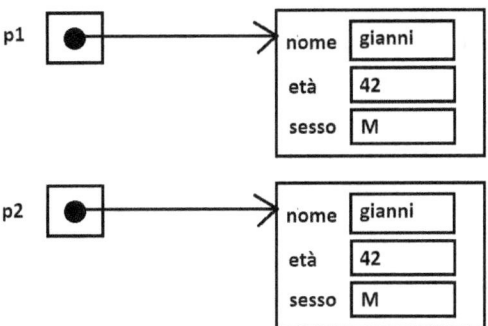

Due oggetti uguali ma distinti

In questo caso non vale l'uguaglianza dei riferimenti, quindi si ha p1 != p2, tuttavia i valori degli oggetti sono uguali.

L'uguaglianza di valore di oggetti distinti si può riconoscere utilizzando il metodo Equals() opportunamente ridefinito nella classe Persona: **p1.Equals(p2)** è vero, e vale anche il viceversa p2.Equals(p1).

In effetti il metodo Equals(object), che viene ereditato dalla superclasse universale object, si presta ad essere opportunamente ridefinito in tutte le classi per consentire un agevole confronto di uguaglianza di valore degli oggetti.

```
// Persona con ridefinizione del metodo Equals()
public class Persona
{
  public string Nome {get; set;}
  public int Età {get; set;}
  public char Sesso {get; set;}

  public override bool Equals(object altroOggetto)
  {
    // innanzitutto occorre effettuare un casting
    // per poter vedere l'altro oggetto come Persona
    Persona altro = (Persona) altroOggetto;
    // espressione booleana di confronto dei valori
    bool risultato = (this.Nome == altro.Nome &&
        this.Età == altro.Età && this.Sesso == altro.Sesso);
    return risultato;
  }
}
```

Avendo così definito il criterio di uguaglianza tra due oggetti di tipo Persona si ha il grosso vantaggio di poter utilizzare i metodi della classe List<Persona> per effettuare una ricerca di una persona nella lista: si tratta dei metodi Contains(Persona p) e IndexOf(Persona p).

Anche il metodo Remove(Persona p), per rimuovere una persona dalla lista, fa uso di Equals():

```
List<Persona> lista = ...;  // si suppone carica di persone
Persona p = new Persona("gianni", 42, 'M'); // persona da cercare
bool trovato = lista.Contains(p);
lista.Remove(p);  // se l'oggetto p esiste lo rimuove
                  // altrimenti non fa nulla
```

Per completezza, si ricorda anche che esiste il metodo RemoveAt() che prevede come parametro in input la posizione dell'elemento da rimuovere:

```
int posizione = lista.IndexOf(p);
lista.RemoveAt(posizione);
```

Una alternativa più comoda consiste nella implementazione dell'interfaccia IEquatable<T> che prevede il metodo Equals(T), che risulta di più facile scrittura[2]:

```
// Persona che implementa l'interfaccia IEquatable
public class Persona: IEquatable<Persona>
{
  public string Nome {get; set;}
  public int Età {get; set;}
  public char Sesso {get; set;}

  public bool Equals(Persona altra)
  {
    return(this.Nome == altro.Nome && this.Età == altro.Età &&
           this.Sesso == altro.Sesso);
  }
```

---

[2]L'uso dell'interfaccia IEquatable<Tipo> ha anche il vantaggio di consentire al compilatore di controllare la concordanza del tipo dell'oggetto usato nel confronto; invece il metodo Equals() della classe object accetta qualsiasi oggetto e quindi l'eventuale discordanza di tipo viene rilevata solo a tempo di esecuzione.

```
}
```

> **Nota**: <u>Se non viene ridefinito</u>, il metodo Equals(object) restituisce
> *true* se i due oggetti confrontati coincidono, ovvero se essi sono in
> realtà il medesimo oggetto, e *false* altrimenti, senza preoccuparsi di
> confrontare i valori degli attributi dei due oggetti in questione!
>
> ```
> // estratto dal codice della classe Object
> public class object
> {
>   public virtual bool Equals(object altro)
>   {
>     if (this == altro)
>     {return true; }
>     else
>     {return false }
>   }
> }
> ```
>
> Ecco perché prima di usare Equals() per gli oggetti di una classe **è**
> **sempre opportuno ridefinirlo!**

ESERCIZIO SVOLTO 22.1

Sia data la gerarchia di classi della fattoria:

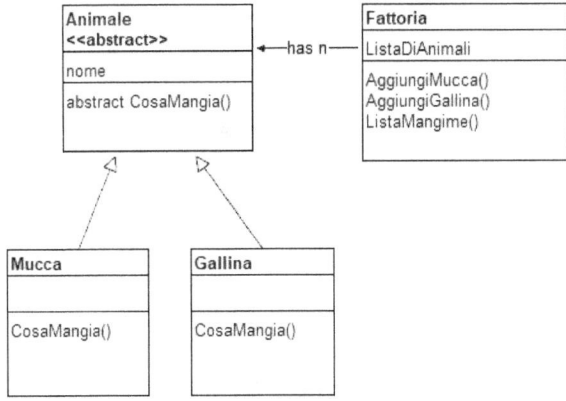

La gerarchia di classi della fattoria

si vuole ridefinire il metodo Equals() nella classe Animale per confrontare l'uguaglianza di due animali, basandosi sul tipo di animale e sull'attributo nome.

Soluzione: Per confrontare il tipo di Animale si può confrontare il tipo ricavandolo dal metodo GetType() ereditato dalla classe object.

Il metodo GetType() restituisce un oggetto di classe Type che rappresenta il tipo dell'oggetto chiamante.

```csharp
public abstract class Animale
{
  public string Nome {get; set;}
  public abstract string CosaMangia();

  public override bool Equals(object altroOggetto)
  {
    Animale altro = (Animale) altroOggetto;
    return (this.GetType() == altro.GetType() &&
            this.Nome == altro.Nome)
  }
}
```

```csharp
Animale a1 = new Mucca() {Nome = "carolina"};
Animale a2 = new Gallina() {Nome = "carolina"};
bool esito = a1.Equals(a2); // false perché sono di tipo diverso
```

Relazione d'ordine

L'interfaccia IComparable<T> rappresenta la possibilità per gli oggetti di una classe di essere confrontati tra di loro per stabilire una relazione d'ordine, ovvero chi è minore e chi è maggiore.

Essa prevede il metodo CompareTo(T) che restituisce tipicamente:

- un numero < 0 (tipicamente -1) se l'oggetto in questione risulta minore dell'altro oggetto
- 0 se l'oggetto in questione risulta uguale all'altro oggetto
- un numero > 0 (tipicamente +1) se l'oggetto in questione risulta maggiore dell'altro oggetto

L'utilità che si ha nell'implementare questa interfaccia è che essa consente di utilizzare il metodo Sort() della classe List per mettere in ordine gli elementi della lista utilizzando, appunto, il criterio di ordinamento previsto dal metodo CompareTo().

Mentre i tipi numerici sono confrontabili direttamente con gli operatori di confronto > e <, con le stringhe si deve utilizzare il metodo CompareTo(), che risulta già programmato per considerare l'ordine lessicografico delle stringhe. Ad esempio:

```
string s1 = "bandiera";
string s2 = "barbaro";
int n = s1.CompareTo(s2);  // restituisce -1
```

Per le altre classi create dal programmatore, invece, se si ritiene opportuno introdurre la possibilità di confrontare tra di loro gli oggetti, si deve implementare l'interfaccia IComparable e programmare il criterio di confronto mediante il metodo CompareTo().

Ad esempio, si consideri la classe Socio per la quale si vuole impostare come criterio di confronto l'ordine alfabetico di Cognome e Nome:

```
public class Socio: IComparable<Socio>
{
  public string Cognome {get; set;}
  public string Nome {get; set;}
  public int Età {get; set;}

  public int CompareTo(Socio altro)
  {
    if (this.Cognome.CompareTo(altro.Cognome) < 0)
    { return -1; }
    else if (this.Cognome.CompareTo(altro.Cognome) == 0)
    {
      // a parità di cognome, si guarda il nome
      // utilizzando il CompareTo delle stringhe
      return this.Nome.CompareTo(altro.Nome);
    }
    else
    { return +1; }
}}
```

23. La serializzazione di oggetti

I dati di una applicazione risiedono nella memoria RAM del computer, finché la stessa è in esecuzione, e vengono persi al termine del lavoro.

Normalmente una applicazione deve fornire all'utente la possibilità di salvare il lavoro fatto su memoria di massa (disco o supporto esterno) in modo da poterlo riprendere successivamente.

A tal fine si ha a disposizione uno strumento di salvataggio su file degli oggetti della applicazione. Questa operazione di salvataggio viene detta "serializzazione", in quanto registra in modo sequenziale i dati degli oggetti, che possono avere anche una struttura complessa e non lineare.

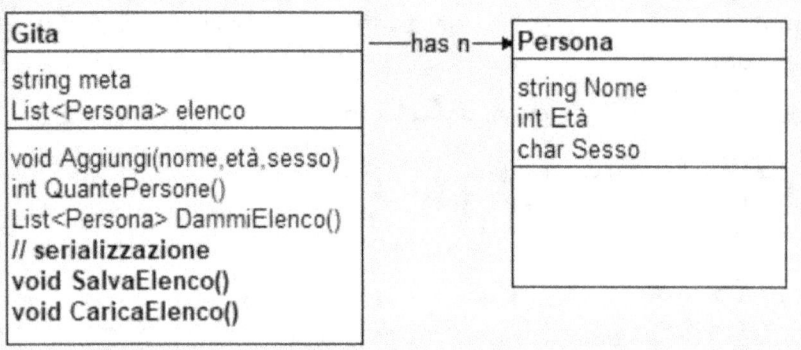

Diagramma delle classi

Si consideri la classe Gita che contiene un elenco di persone, come riportato nel diagramma.

Nella classe Gita, in particolare, sono presenti i metodi SalvaElenco() e CaricaElenco() che consentono, rispettivamente, di salvare su disco e di caricare da disco l'elenco di persone.

Il codice di tali metodi fa uso di alcune classi predefinite come la classe File che gestisce il file-system del sistema operativo, la classe FileStream che consente di leggere e scrivere il contenuto di un file binario, la classe BinaryFormatter che si occupa del lavoro di serializzazione[3].

Notare che, in particolare, sono necessarie le seguenti direttive

```
using System.IO;
using System.Runtime.Serialization.Formatters.Binary;
```

per poter utilizare le classi FileStream, File e la classe BinaryFormatter.

```
using System.Collections.Generic;
using System.IO;
using System.Runtime.Serialization.Formatters.Binary;


public class Gita
{
  public string Meta {get; set;}
  public List<Persona> Elenco {get; set;}

  public Gita()
  { Elenco = new List<Persona>();}

  public void AggiungiPersona(string nome, int età, char sesso)
  {
    Persona p = new Persona(){Nome=nome, Età=età, Sesso=sesso};
    Elenco.Add(p);
  }

  public int QuantePersone()
  { return Elenco.Count; }

  public List<Persona> DammiElenco()
  { return Elenco; }

  // serializzazione
  public void SalvaElenco()
  {
    FileStream file = File.Create("elenco.bin");
    BinaryFormatter serializer = new BinaryFormatter();
    serializer.Serialize(file, Elenco);
    file.Close();
  }
```

---

[3] La classe BinaryFormatter è stata recentemente deprecata; si veda l'appendice 2 per una alternativa

```
    public void CaricaElenco()
{
    // per evitare errori runtime
    // controllo l'esistenza del file da aprire
    if (File.Exists("elenco.bin"))
    {
      FileStream file = File.OpenRead("elenco.bin");
      BinaryFormatter serializer = new BinaryFormatter();
      // è necessario un "casting" per trasformare
      // il tipo object restituito da Deserialize()
      // in List<Persona>
      Elenco = (List<Persona>) serializer.Deserialize(file);
      file.Close();
    }
  }
}
```

Notare che è necessario specificare con una direttiva al compilatore che la classe Persona la si vuole rendere "serializzabile", anteponendo alla definizione della classe la specifica **[Serializable]**.

```
[Serializable]
public class Persona
{
  public string Nome {get; set;}
  public int Età {get; set;}
  public char Sesso {get; set;}
}
```

```
public class Program
{
  public static void Main()
  {
    Gita g = new Gita("Roma");
    g.AggiungiPersona("antonio", 20, 'm');
    g.AggiungiPersona("alberto", 20, 'm');
    g.AggiungiPersona("michela", 18, 'f');
    g.SalvaElenco();
    g.CaricaElenco();
    Console.WriteLine(g.QuantePersone()); // scrive 3
    Console.ReadKey();
  }
}
```

Il file "elenco.bin", non essendo specificato un percorso di destinazione, viene salvato nella sottocartella bin\Debug che si trova dentro la cartella del progetto.

Se si vuole si può specificare anche il percorso del file, scrivendo ad esempio @"C:\temp\elenco.bin".

□□□□□ÿÿÿÿÿ□□□□□□□□□□□□□□BC
onsoleApp4, Version=1.0.
0.0, Culture=neutral, Pu
blicKeyToken=null□□□□□|S
ystem.Collections.Generi
c.List`1[[ConsoleApp4.Pe
rsona, ConsoleApp4, Vers
ion=1.0.0.0, Culture=neu
tral, PublicKeyToken=nul
l]]□□□□□_items□_size□_ve
rsion□□□□ConsoleApp4.Per
sona[]□□□□□□□□□□□□□□□□□□□
□□□□□□□□□□□□□□□□□□□Console
App4.Persona□□□□□□□□□□□□□
□□□□□□□□□□□□□□□ConsoleApp
4.Persona□□□□□nome□et□□□
sesso□□□□□□□□□□□□□□□□anto
nio□□□□m□□□□□□□□□□□□□□□□a
lberto□□□□m□□□□□□□□□□□□□□
□□michela□□□□f□

Il contenuto del file "elenco.bin" letto in modalità testo – nelle prime righe si può leggere **il tipo dell'oggetto serializzato** (System.Collections.Generic.List ConsoleApp4.Persona) - in basso sono sottolineati i dati di "michela" – come si vede, la maggior parte dei byte non corrisponde a caratteri stampabili.

Un file binario non è considerato leggibile al di fuori del programma che lo ha creato perché non si conosce esattamente la corretta interpretazione da dare a ciascun byte.

Con un editor esadecimale è possibile dare un'occhiata più approfondita al suo contenuto:

```
00 01 00 00   00 FF FF FF   FF 01 00 00   00 00 00 00   00 0C 02 00   00 00 42 43
6F 6E 73 6F   6C 65 41 70   70 34 2C 20   56 65 72 73   69 6F 6E 3D   31 2E 30 2E
30 2E 30 2C   20 43 75 6C   74 75 72 65   3D 6E 65 75   74 72 61 6C   2C 20 50 75
62 6C 69 63   4B 65 79 54   6F 6B 65 6E   3D 6E 75 6C   6C 04 01 00   00 00 7C 53
79 73 74 65   6D 2E 43 6F   6C 6C 65 63   74 69 6F 6E   73 2E 47 65   6E 65 72 69
63 2E 4C 69   73 74 60 31   5B 5B 43 6F   6E 73 6F 6C   65 41 70 70   34 2E 50 65
72 73 6F 6E   61 2C 20 43   6F 6E 73 6F   6C 65 41 70   70 34 2C 20   56 65 72 73
69 6F 6E 3D   31 2E 30 2E   30 2E 30 2C   20 43 75 6C   74 75 72 65   3D 6E 65 75
74 72 61 6C   2C 20 50 75   62 6C 69 63   4B 65 79 54   6F 6B 65 6E   3D 6E 75 6C
6C 5D 5D 03   00 00 00 06   5F 69 74 65   6D 73 05 5F   73 69 7A 65   08 5F 76 65
72 73 69 6F   6E 04 00 00   15 43 6F 6E   73 6F 6C 65   41 70 70 34   2E 50 65 72
73 6F 6E 61   5B 5D 02 00   00 00 08 08   09 03 00 00   00 03 00 00   00 03 00 00
00 07 03 00   00 00 00 01   00 00 00 04   00 00 00 04   13 43 6F 6E   73 6F 6C 65
41 70 70 34   2E 50 65 72   73 6F 6E 61   02 00 00 00   09 04 00 00   00 09 05 00
00 00 09 06   00 00 00 0A   05 04 00 00   00 13 43 6F   6E 73 6F 6C   65 41 70 70
34 2E 50 65   72 73 6F 6E   61 03 00 00   00 04 6E 6F   6D 65 04 65   74 C3 A0 05
73 65 73 73   6F 01 00 00   08 03 02 00   00 00 06 07   00 00 00 07   61 6E 74 6F
6E 69 6F 14   00 00 00 6D   01 05 00 00   00 04 00 00   00 06 08 00   00 00 07 61
6C 62 65 72   74 6F 14 00   00 00 6D 01   06 00 00 00   04 00 00 00   06 09 00 00
00 07 6D 69   63 68 65 6C   61 12 00 00   00 66 0B
```

Il contenuto in forma esadecimale del file "elenco.bin" – sono evidenziati i dati di "michela": si notato i sette byte corrispondenti al nome "michela", i 4 byte corrispondenti al numero intero 18 (in esadecimale è 12) e il byte corrispondente al carattere 'f'.

Il BinaryFormatter serializza i campi sia pubblici che privati di un oggetto. Nel caso di una property, quello che viene effettivamente serializzato è il campo nascosto sottostante la property stessa.

> **Nota**: se si vuole evitare che un attributo privato sia serializzato, si deve specificare la direttiva **[NonSerialized]** prima dello stesso e così il BinaryFormatter lo salta!
> Tuttavia, non è possibile specificare [NonSerialized] per una property pubblica.
> Pertanto, in questo caso, si è costretti a rendere esplicita la dichiarazione dell'attributo privato sottostante a tale property per poterlo poi escludere dalla serializzazione.
>
> Esempio:
>
> ```
> [Serializable]
> public class Prenotazione
> {
>   public string IdOspite{ get; set; }
> ```

```
[NonSerialized]
private string nomeospite;   // campo sottostante la
                             // propertyNomeOspite

public string NomeOspite {
      get { return nomeospite; }
      set { nomeospite = value; }
  }
}
```

La Serializzazione in Formato XML

Per favorire l'interscambio di dati tra applicativi diversi, è stato creato il formato XML (eXtensible Markup Language) che rappresenta i dati in formato testo con la descrizione del loro significato grazie alla presenza di opportuni marcatori (tag).

Gli stessi dati dell'esempio precedente vengono salvati su disco in formato XML nel seguente modo:

```
<?xml version="1.0" encoding="UTF-8"?>
<ArrayOfPersona xmlns:xsd="http://www.w3.org/2001/XMLSchema"
xmlns:xsi="http://www.w3.org/2001/XMLSchema-instance">
<Persona>
<Nome>antonio</Nome>
<Età>20</Età>
<Sesso>109</Sesso>
</Persona>
<Persona>
<Nome>alberto</Nome>
<Età>20</Età>
<Sesso>109</Sesso>
</Persona>
<Persona>
<Nome>michela</Nome>
<Età>18</Età>
<Sesso>102</Sesso>
</Persona>
</ArrayOfPersona>
```

Il contenuto del file "elenco.xml"

Si tratta di un file facilmente leggibile e interpretabile, che può anche essere modificato con un qualsiasi editor di testo.

Si noti che il Sesso, essendo di tipo char, viene registrato come numero intero corrispondente alla codifica del carattere.

La codifica in C# prevede l'aggiunta alla classe Gita dei metodi CaricaXml() e SalvaXml().

Per poter utilizzare le classi coinvolte nella serializzazione XML occorre anche aggiungere le seguenti direttive:

```
using System.IO;
using System.Xml.Serialization;
```

Si noti che il costruttore di XmlSerializer() ha bisogno di conoscere il tipo dell'oggetto che viene serializzato, o deserializzato. Infatti, nel file XML questa informazione non è presente, diversamente da quanto avveniva con la serializzazione binaria.

```
using System.Collections.Generic;
using System.IO;
using System.Xml.Serialization;


public class Gita
{
  public string Meta {get; set;}
  public List<Persona> Elenco {get; private set;}

  public Gita()
  { Elenco = new List<Persona>(); }

  public void AggiungiPersona(string nome, int età, char sesso)
  {
    Persona p = new Persona(){Nome=nome, Età=età, Sesso=sesso});
    Elenco.Add(p);
  }

  public void SalvaElencoXml()
  {
    StreamWriter file = new StreamWriter("elenco.xml");
    XmlSerializer serializer;
    serializer = new XmlSerializer(typeof(List<Persona>));
    serializer.Serialize(file, Elenco);
```

```
      file.Close();
    }

  public void CaricaElencoXml()
  {
    if (File.Exists("elenco.xml"))
    {
      StreamReader file = new StreamReader("elenco.xml");
      XmlSerializer serializer;
      serializer = new XmlSerializer(typeof(List<Persona>));
      Elenco = (List<Persona>) serializer.Deserialize(file);
      file.Close();
    }
  }
}
```

Le classi StreamReader e StreamWriter consentono di operare su file di testo.

Per comodità viene riportato nuovamente il codice della classe Persona:

```
using System.Xml.Serialization;

[Serializable]
public class Persona
{
  public string Nome {get; set;}
  public int Età {get; set;}
  public char Sesso {get; set;}

  [XmlIgnore]
  public int AttributoIgnorato {get; set;}
}
```

Notare che con la direttiva [XmlIgnore] si può escludere un attributo o una proprietà dalla serializzazione.

Per poter utilizzare questa direttiva si deve specificare

```
using System.Xml.Serialization;
```

Il metodo Main() è sostanzialmente analogo al precedente, con la variante dei nomi dei metodi utilizzati per la serializzazione:

```
public class Program
{
  public static void Main()
```

```
{
    Gita g = new Gita("Roma");
    g.AggiungiPersona("antonio", 20, 'm');
    g.AggiungiPersona("alberto", 20, 'm');
    g.AggiungiPersona("michela", 18, 'f');
    g.SalvaElencoXml();
    g.CaricaElencoXml();
    Console.WriteLine("ok");
    Console.ReadKey();
}
}
```

Serializzare oggetti di un gerarchia di classi

Nel caso in cui si voglia serializzare un array o una lista di oggetti appartenenti ad una gerarchia di classi, come ad esempio una lista di Persone contenente anche Studenti e Professori, risulta necessario specificare anche i tipi derivati da Persona, ovvero Studente e Professore: si tratta dei cosiddetti **extratipi**.

Per fare questo si può usare il costruttore:

XmlSerializer(Type tipo, Type[] extratipi)

Che nel caso in esame avrebbe come parametri:

tipo = typeof(List<Persona>)

extratipi = new Type[]{ typeof(Studente), typeof(Professore) }

Pertanto si scriverebbe:

```
serializer = new XmlSerializer(typeof(List<Persona>),
            new Type[]{typeof(Studente), typeof(Professore)}});
```

oppure è sufficiente specificare nel costruttore il tipo base

```
serializer = new XmlSerializer(List<Persona>);
```

se alla classe Persona si aggiungono le direttive di inclusione degli extratipi:

```
[Serializable]
[XmlInclude(typeof(Studente))]
[XmlInclude(typeof(Professore))]
public class Persona
{…}
```

In ogni caso, ci si deve ricordare di aggiungere le direttive Serializable per le classi Studente e Professore:

```
[Serializable]
public class Studente
{…}
```

```
[Serializable]
public class Professore
{…}
```

ESERCIZIO PROPOSTO 23.1

Si aggiunga al programma di disegno CAD proposto nell'esercizio 20.2 la possibilità di salvare il disegno effettuato e di caricare un disegno.

A tal fine è utile utilizzare gli oggetti OpenFileDialog e SaveFileDialog per consentire all'utente di scegliere, rispettivamente, il nome del file da aprire e il nome del file da salvare.

24. Archiviazione dati mediante file

File di testo

I file di testo, nella loro semplicità, risultano spesso molto utili nelle applicazioni, sia per archiviare dati di tipo testuale, sia per realizzare il giornale di bordo dell'applicazione (file di log).

I file di testo hanno il grosso vantaggio di poter anche essere facilmente letti e modificati da un qualsiasi editor di testo.

Per usare i file si deve aggiungere la direttiva *using System.IO;*

Un file viene individuato dal suo nome e dal suo percorso (path) come ad esempio *C:\temp\lettera.txt*

Per assegnare il nome di un file ad una variabile in C# bisogna raddoppiare le barre di separazione, "C:\\temp\\lettera.txt", oppure usare una stringa letterale preceduta dal carattere chiocciola @"*C:\temp\lettera.txt*".

Finestre di dialogo

Con i Windows Forms si possono usare le classi OpenFileDialog e SaveFileDialog per rendere più amichevole per l'utente la scelta del file da aprire oppure del percorso e del nome del file da salvare.

```
string nomefile;
// dialogo di apertura
OpenFileDialog openFileDialog1 = new OpenFileDialog();
if (openFileDialog1.ShowDialog() == DialogResult.OK)
{ nomefile = openFileDialog1.FileName; }

// dialogo di salvataggio
SaveFileDialog saveFileDialog1 = new SaveFileDialog();
if (saveFileDialog1.ShowDialog() == DialogResult.OK)
{ nomefile = saveFileDialog1.FileName; }
```

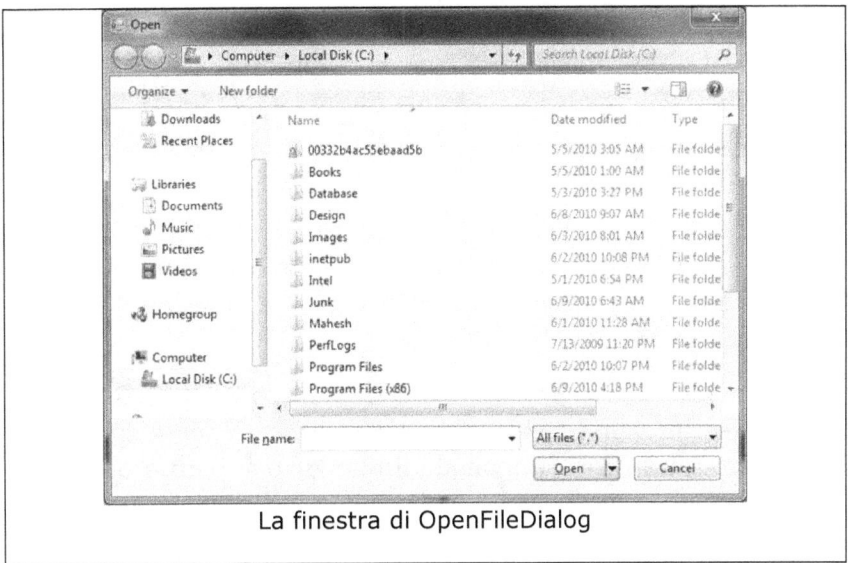

La finestra di OpenFileDialog

Il modo più semplice per leggere il contenuto di un file di testo è quello di usare i metodi della classe File.

Il metodo File.ReadAllText() consente di leggere l'intero testo contenuto nel file e caricarlo in una variabile in memoria:

```
string nomefile = @"C:\temp\lettera.txt";
string testo = File.ReadAllText(nomefile);
Console.WriteLine(testo);
```

Il metodo File.ReadAllLines() legge tutte le righe di testo contenute in un file e le carica in un array di stringhe in memoria:

```
string[] array = File.ReadAllLines(nomefile);
// ciclo di scrittura delle righe
foreach (string riga in array)
{ Console.WriteLine(riga); }
```

Ovviamente, se il file non esiste o non è accessibile per qualche motivo, si ottiene un errore runtime.

Conviene pertanto controllare preventivamente con il metodo File.Exists() che il file esista e si abbia l'autorizzazione per accedervi.

```
if File.Exists(nomefile)
{ /* lo posso leggere */ }
```

Per la scrittura di un testo in un file ci sono i metodi File.WriteAllText(), File.WriteAllLines(), File.AppendAllText() e File.AppendAllLines(),

Con i metodi File.AppendAllText() e File.AppendAllLines(), se il file non esiste viene creato automaticamente e poi vi si scrive il contenuto, altrimenti si appende il nuovo contenuto a quello già esistente:

```
string s = "ciao mamma\n come va?"; // si usa il carattere \n
                                    // per andare a capo
string nomefile = @"c:\temp\lettera.txt";
File.AppendAllText(nomefile, s);

string[] array = new string[] { "alfa", "beta", "gamma" };
string nomefile = @"c:\temp\elenco.txt";
File.AppendAllLines(nomefile, array);
```

Invece, con i metodi File.WriteAllText() e File.WriteAllLines(), in ogni caso, si ricrea da zero il file e vi si scrive il contenuto previsto:

```
File.WriteAllText(nomefile, s);
File.WriteAllLines(nomefile, array);
```

Nota: in caso di limitazioni della memoria RAM, si preferisce leggere e scrivere i file di testo una riga alla volta.
A tal fine si utilizza la classe StreamReader per leggere il file una riga alla volta grazie al metodo ReadLine(), e la classe StreamWriter per scrivere su un file grazie ai metodi Write() e WriteLine().
Esempio di lettura:

```
StreamReader file = new StreamReader(@"C:\dati\lettera.txt");
while (! file.EndOfStream) //finchè non è finito il file
```

```
{
  string riga = file.ReadLine();
  // utilizzo della riga letta …
}
file.Close();
```

Esempio di scrittura:

```
string nomefile = @"C:\temp\lettera.txt";
StreamWriter file;
if (! File.Exists(nomefile))
{
  // creazione e apertura di un nuovo file
  file = new StreamWriter(nomefile);
}
else
{
  // apertura in modalità "append"
  file = new StreamWriter(nomefile, append:true);
}

// scrittura di testo nel file
file.WriteLine("riga 1 di testo");
file.WriteLine("riga 2 di testo");
file.WriteLine("riga 3 di testo");

// la chiusura del file è importante per portare
// a compimento l'effettiva scrittura su disco dei dati
// che il sistema operativo mantiene temporaneamente
// in un buffer in memoria RAM
file.Close();
```

Modifica di un file di testo

Non è possibile modificare direttamente il contenuto di un file di testo.
A tal fine si deve innanzitutto leggerne l'intero contenuto e caricarlo in una variabile in memoria, poi si modifica il testo della variabile in memoria e alla fine si riscrive il contenuto aggiornato su disco.

File di Log

I file di Log, detti anche "giornali di bordo", sono un supporto alla sicurezza di un sistema informatico in quanto registrano in modo sequenziale e cronologico tutte le operazioni che gli utenti effettuano sul sistema stesso.

Per la registrazione dei file di Log si usa un file di testo con valori separati da virgola: si tratta del formato CSV (Comma Separated Value). In Italia si utilizza di solito il punto e virgola come separatore dei valori per non creare confusione nel caso di memorizzazione di valori numerici con la virgola.

Per la lettura di un file di Log si può usare un semplice editor di testo oppure, più comodamente, un programma di foglio elettronico. Talvolta conviene scrivere degli appositi programmi per leggere e analizzare i file di Log in modo da evidenziare situazioni anomale ed eventualmente far scattare degli allarmi.

Un esempio di file di Log di un server web può contenere righe come la seguente:

`183.121.1.2,anonymous,18/Mar/2020:08:04:22,GET /images/logo.jpg,200,512`

che mostra l'indirizzo IP del client, il nome dell'utente (se registrato), giorno e ora (timestamp), la richiesta effettuata al server, il codice di esito della richiesta (200 = OK), il numero di byte scaricati.

Il programma che intende registrare un file di Log conterrà istruzioni come le seguenti:

```
StreamWriter filelog;
filelog = new StreamWriter(@"C:\log.csv", append:true);
// registrazione dei dati dell'operazione in corso
string riga = IndirizzoIP + "," + NomeUtente + "," + DateTime.Now
            + "," + Comando + "," + CodiceEsito + "," + NumByte;
filelog.WriteLine(riga);
filelog.Flush();  // assicura la scrittura su disco del buffer
                  // senza chiudere il file
```

Per la lettura del file di Log si scrivono istruzioni come le seguenti:

```
string[] arrayRighe = File.ReadAllLines(@"C:\log.csv");
```

```
foreach (string riga in arrayRighe)
{
  // separo gli elementi di ciascuna riga
  string[] elementi = riga.Split(',');
  // analisi degli elementi ...
}
```

File binari

I file binari sono costituiti da una sequenza di blocchi di byte, uno per ciascuno dei valori memorizzati, che possono essere numeri interi, double, stringhe di testo, valori booleani, ...

Questi file memorizzano soltanto dei valori e non contengono nessuna informazione sulla struttura del loro contenuto, pertanto, per poter leggere ed interpretare efficacemente il loro contenuto, è necessario utilizzare lo stesso programma che li ha creati, a meno che ci sia una adeguata documentazione a loro supporto.

Nel caso di formati standard, come quelli usati per le immagini e per la musica, ci sono documenti ufficiali che ne descrivono la struttura e che consentono di scrivere programmi per gestirli.

Per lavorare con un file binario si usa la classe FileStream per creare o aprire il file e le classi BinaryWriter e BinaryReader per scrivere e leggere agevolmente i dati.

Esempio di scrittura:

```
string nomefile = @"C:\temp\archivio.dat";

// creazione di un nuovo file
// se il file esiste già, esso viene interamente riscritto
// se invece si volesse appendere dei dati ad un file esistente,
// la modalità di apertura sarebbe FileMode.Append
FileStream fs = new FileStream(nomefile, FileMode.Create);
// è sottointeso l'accesso in scrittura:
// new FileStream(nomefile, FileMode.Create, FileAccess.Write)

// creazione di un oggetto BinaryWriter per scrivere nel file
BinaryWriter bw = new BinaryWriter(fs);
```

```
// alcuni dati da scrivere nel file
int n = 20; double d = 50.25;
string s = "ciao"; bool v = true;
// istruzioni di scrittura
bw.Write(n);
bw.Write(d);
bw.Write(s);
bw.Write(v);

// chiusura del file
bw.Close();
fs.Close();
```

Il contenuto del file binario appena creato può essere visualizzato con un editor esadecimale.

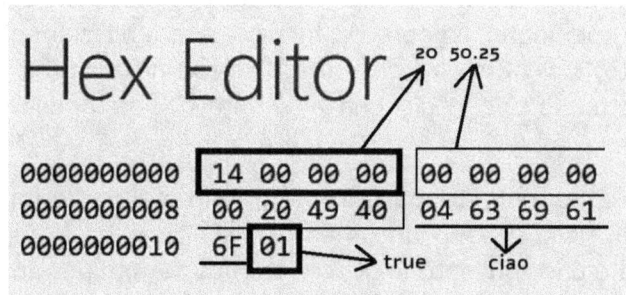

Il contenuto del file binario

Si può riscontrare la presenza di 4 byte per il valore intero 20, seguiti da 8 byte per il valore double 50.25, seguiti dalla stringa "ciao" costituita da un byte per la sua lunghezza (di valore 4) e 4 byte per i suoi caratteri ed infine 1 byte per il valore booleano true.

Istruzioni per la lettura del contenuto del suddetto file:

```
string nomefile = @"C:\temp\archivio.dat";
FileStream fs = new FileStream(nomefile, FileMode.Open);
// è sottointeso l'accesso in lettura:
// new FileStream(nomefile, FileMode.Open, FileAccess.Read)

BinaryReader br = new BinaryReader(fs);
```

```
// per leggere il file si deve conoscere l'esatta sequenza
// e il tipo esatto dei valori registrati
int n2 = br.ReadInt32();
double d2 = br.ReadDouble();
string s2 = br.ReadString();
bool v2 = br.ReadBoolean();
// chiusura del file
br.Close();
fs.Close();

// stampa di controllo
Console.WriteLine(n2 + "" + d2 + "" + s2 + "" + v2);
// si ottiene correttamente  20 50,25 ciao true
```

Nel caso in cui ci fossero tutti valori dello stesso tipo si può impostare un ciclo di lettura:

```
// file di numeri interi
string nomefile = @"C:\temp\numeri.dat";
FileStream fs = new FileStream(nomefile, FileMode.Open);
BinaryReader br = new BinaryReader(fs);
// leggo la dimensione del file in byte
long lunghezzaFile = br.BaseStream.Length;
// il ciclo confronta la posizione corrente con la lungh.del file
while (br.BaseStream.Position < lunghezzaFile)
{
  // lettura di un numero intero e avanzamento della posizione
  n = br.ReadInt32()
  // utilizzo del numero letto …
}
```

I file binari sono ad accesso diretto (random access). Infatti, è possibile impostare la posizione dove effettuare la lettura.
Ad esempio, si vuole leggere il secondo valore intero contenuto nel file:

```
string nomefile = @"C:\temp\numeri.dat";
FileStream fs = new FileStream(nomefile, FileMode.Open);
BinaryReader br = new BinaryReader(fs);
```

```
// innanzitutto si calcola la posizione di lettura:
// sapendo che il primo valore si trova in posizione 0
// e che i valori interi occupano 4 byte (32 bit)
// il 2° valore si trova in posizione 4
int posizione = (2 - 1) * 4;
br.BaseStream.Position = posizione;
int valore = br.ReadInt32();
```

Il posizionamento diretto può anche essere utilizzato in scrittura per sovrascrivere un valore di un file già esistente:

```
string nomefile = @"C:\temp\numeri.dat";
// si apre il file già esistente con accesso in scrittura
FileStream fs = new FileStream(nomefile, FileMode.Open,
FileAccess.Write);
BinaryWriter bw = new BinaryWriter(fs);
bw.BaseStream.Position = 4;  // posizionamento sul byte numero 4
bw.Write(55);  // sovrascrittura del vecchio contenuto con 55
bw.Close();
fs.Close();
```

Infine, se si desidera leggere e modificare il contenuto di un file binario si deve effettuare una apertura con modalità FileMode.ReadWrite e consentire l'accesso contemporaneo al file da parte di un BinaryReader e di un BinaryWriter, specificando il parametro FileShare.ReadWrite:

```
string nomefile = @"C:\temp\numeri.dat";
FileStream fs = new FileStream(nomefile, FileMode.Open,
                    FileAccess.ReadWrite, FileShare.ReadWrite);
BinaryReader br = new BinaryReader(fs);
BinaryWriter bw = new BinaryWriter(fs);
// posizionamento e lettura di un valore dal file
br.BaseStream.Position = 4;  // byte numero 4
int valore = br.ReadInt32();
// modifico il valore della variabile
valore = valore + 1;
// posizionamento nel file e sovrascrittura del nuovo valore
bw.BaseStream.Position = 4;
bw.Write(valore);
// chiudo il file
br.Close();
bw.Close();
fs.Close();
```

25.Strutture dati in memoria RAM

La struttura dati List<T> che rappresenta un array dinamico di oggetti di un generico tipo T è di gran lunga la più usata nelle applicazioni.

La sua caratteristica è quella di consentire un accesso diretto ai dati, conoscendone la posizione, essendo i dati collocati in celle di memoria contigue.

Pertanto l'aggiunta di un nuovo dato in fondo alla lista non da particolari problemi, invece l'inserimento e la rimozione di elementi in una posizione intermedia causa un lavoro di spostamento degli altri valori per far spazio al nuovo arrivato oppure per mantenere la struttura senza "buchi".

0	1	2	3	4
-3	1	3		

0	1	2	3	4
-3	1	(2)	3	

L'inserimento del valore 2 comporta lo spostamento di tutti i valori che lo seguono

Per quanto riguarda la ricerca, essa avviene in modo sequenziale tranne nel caso in cui i dati siano ordinati e l'ordinamento in essere consenta di effettuare una ricerca dicotomica (o binaria) con il metodo BinarySearch().

In generale, quando il quantitativo di dati da gestire non è molto elevato (anche qualche migliaio), non vale la pena di ricorrere ad altri tipi di strutture dati per migliorare l'efficienza degli aggiornamenti oppure l'efficienza delle ricerche.

Tuttavia, in presenza di un elevato numero di dati oppure con un carico applicativo notevole di aggiornamenti e di pressanti esigenze nei tempi di ricerca, si può pensare di ricorrere ad un altro tipo di struttura dati.

Linked List

La LinkedList<T> è una struttura dati dinamica dove i dati costituiscono una catena di nodi in memoria. Pertanto risulta agevole inserire e rimuovere un elemento in una posizione intermedia senza che ci sia il bisogno si spostare gli altri elementi della lista. Il limite di questa struttura dati è la perdita dell'accesso diretto ai dati e quindi essa consente soltanto la ricerca sequenziale.

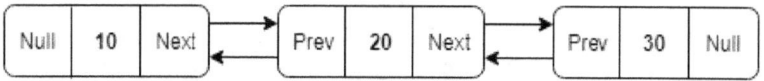

Esempio di Linked List di numeri interi

Si noti che l'implementazione di una Linked List prevede che i nodi siano doppiamente collegati tra loro: c'è un riferimento al successivo (Next) e un riferimento al precedente (Prev).

```
LinkedList<int>lista = new LinkedList<int>();
// aggiunta in fondo alla lista
lista.AddLast(10);
lista.AddLast(20);
lista.AddLast(30);
```

ci sono anche i metodi AddFirst(valore) per aggiungere un elemento in testa alla lista, AddBefore(nodo, valore) e AddAfter(nodo, valore) per aggiungere un elemento, rispettivamente, prima o dopo del nodo specificato come primo parametro del metodo.

Esempio: inserire 25 dopo il 20

```
// cerco il nodo che contiene 20
LinkedListNode<int> nodo = lista.Find(20);
if (nodo != null)
{ lista.AddAfter(nodo, 25); }
```

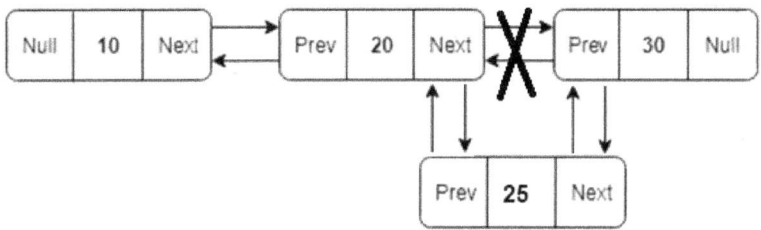

Inserimento di un nodo con valore 25

```
// stampa del contenuto della lista
foreach(int n in lista)
{ Console.WriteLine(n); }
// si ottiene  10  20  25  30
```

HashSet

La struttura Hash è sicuramente quella che consente tempi di ricerca imbattibili. In pratica essa utilizza un array di dimensioni pressoché doppie rispetto al numero di elementi effettivamente presenti e dispone i valori calcolandone la posizione mediante una apposita funzione KAT (Key to Address Transformation).

Si suppone che la dimensione dell'array sia di 7 celle. Si calcolano le posizioni di inserimento dei 3 valori, prendendo come funzione KAT il valore del numero stesso modulo 7 (la dimensione dell'array):

KAT(10) = 10 % 7 = 3

KAT(20) = 20 % 7 = 6

KAT(30) = 30 % 7 = 2

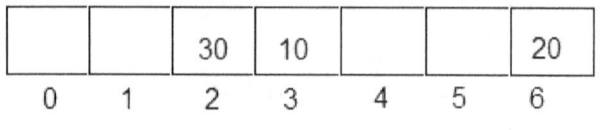

Struttura hash

Per effettuare una ricerca si applica la funzione KAT() al valore cercato e se esso è presente lo si trova praticamente a colpo sicuro; se invece nella sua posizione si trova una cella vuota significa che il valore non è presente.

Le "collisioni", ovvero le situazioni dove due valori dovrebbero stare nella stessa cella, si risolvono posizionando il secondo valore nella prima cella libera che segue quella calcolata.

Una struttura hash funziona bene se ci sono poche collisioni, e per ottenere questo è importante avere un contenitore di dimensione n, con n un numero primo almeno doppio rispetto al numero di valori da inserire, e inoltre è molto importante scegliere una buona funzione KAT.

Utilizzo del HashSet:

```
HashSet<int> hash = new HashSet<int>();
hash.Add(10);
hash.Add(20);
hash.Add(30);
bool trovato = hash.Contains(20);   // true
// stampa di tutti i valori
foreach(int n in hash)
{ Console.WriteLine(n); }
```

Benchmark sui Tempi di Ricerca

Per farsi un'idea concreta dei diversi tempi di ricerca che si hanno con queste strutture dati, è stato fatto un lavoro di confronto (benchmark) dei tempi richiesti per cercare una parola in una collezione di circa 280000 parole della lingua italiana in ordine alfabetico.

I risultati, utilizzando un pc con processore i5, sono stati:

ricerca sequenziale in List<string>	tempo massimo 1 ms tempo medio 0,5 ms	n. confronti effettuati in media 150000
ricerca binaria in List<string>	tempo 0,01 ms	n. max confronti effettuati log 300000 = 19
ricerca sequenziale in LinkedList<string>	tempo massimo 1 ms tempo medio 0,5 ms	n. confronti effettuati in media 150000
ricerca hash in HashSet<string>	tempo 0,0008 ms	n. confronti effettuati in media 1

In sostanza, questi risultati dicono che la ricerca sequenziale ha tempi variabili in base all'esito della ricerca, che comunque sono dell'ordine di 1ms; la ricerca binaria richiede sostanzialmente un tempo costante circa 100 volte inferiore a quello della ricerca sequenziale; la ricerca hash va praticamente sempre a colpo sicuro e richiede tempi circa 1000 volte inferiori rispetto alla ricerca sequenziale.

Strutture dati dinamiche personalizzate

E' possibile definire la propria struttura dati in modo personalizzato.

Ad esempio si vuole definire una struttura dinamica di nodi disposti a formare una albero binario (Tree).

Ciascun nodo contiene un dato di tipo generico T e i riferimenti a due nodi figli: il figlio sinistro contiene un valore inferiore e quello destro un valore maggiore rispetto a quello del nodo considerato.

La classe Tree definisce il nodo di questa struttura in modo ricorsivo, in quanto il nodo ha due figli che sono nodi a loro volta.

Per consentire la comparabilità dei dati contenuti nei nodi, si richiede che il tipo generico T implementi l'interfaccia IComparable<T>

```csharp
public class Tree<T> where T : IComparable<T>
{
  public T Data { get; set; }
  public Tree<T> LeftChild { get; set; }
  public Tree<T> RightChild { get; set; }

  // metodo che controlla se il nodo è vuoto
  public bool IsEmpty()
  { return (Data == null || Data.Equals(0)); }

  // metodo per aggiungere un nuovo valore nell'albero
  // mantenendo l'ordine dei valori inseriti
  public void Add(T data)
  {
    // se l'albero è vuoto (ovvero ha solo un nodo vuoto)
    if (IsEmpty())
    { Data = data; }
    else
    {
      if (data.CompareTo(Data) > 0)
      {
        if (RightChild == null)
        {
          // creo un nuovo nodo
          Tree<T> nuovo = new Tree<T>() { Data = data };
          // lo aggiungo come figlio a destra
          RightChild = nuovo;
        }
        else
        {
          // chiamo ricorsivamente la funzione Add
          // applicata al figlio di destra
          RightChild.Add(data);
        }
```

```
        }
      else
      {
        if (LeftChild == null)
        {
          // creo un nuovo nodo
          Tree<T> nuovo = new Tree<T>() { Data = data };
          // lo aggiungo come figlio a sinistra
          LeftChild = nuovo;
        }
        else
        {
          // chiamo ricorsivamente la funzione Add
          // applicata al figlio di sinistra
          LeftChild.Add(data);
        }
      }
    }
  }
}


// metodo di ricerca (nell'albero binario)
// si suppone che l'albero non sia empty
public bool Contains(T data)
{
  if (Data.Equals(data))
  { return true; }
  else if (data.CompareTo(Data) > 0)
  {
    // guardo a destra
    if (RightChild == null)
    { return false; }
    else
    { return RightChild.Contains(data); }
  }
  else
  {
    if (LeftChild == null)
    { return false; }
    else
    { return LeftChild.Contains(data); }
  }
}
}
```

La ricerca avviene con un metodo ricorsivo che si limita a guardare il nodo corrente e se non trova il valore cercato allora rinvia il compito di ricerca al figlio destro oppure a quello sinistro.

La classe VocabolarioTree utilizza la classe Tree<string> per realizzare un vocabolario in memoria su cui effettuare, e cronometrare, una ricerca.

I vocaboli vengono caricati da un file di testo.

```csharp
using System;
using System.IO;
using System.Diagnostics;

public class VocabolarioTree
{
  public Tree<string> Albero;
  public Stopwatch Cronometro {get; set;}

  public VocabolarioTree()
  {
    Albero = new Tree<string>();
    Cronometro = new Stopwatch();
  }

  public void CaricaDaFile()
  {
    string[] appo = File.ReadAllLines("parole.txt");
    // ciclo di rimescolamento delle parole
    int n = appo.Length;
    Random generatore = new Random();
    for (int i = 0; i < appo.Length; i++)
    {
      int k = generatore.Next(0, n);
      // scambio
      string s = appo[i];
      appo[i] = appo[k];
      appo[k] = s;
    }
    // caricamento nell'albero binario
    foreach(string s in appo)
    { Albero.Add(s); }
  }

  public bool RicercaParola(string parola)
  {
    Cronometro.Start();
    bool trovato = Albero.Contains(parola))
    Cronometro.Stop();
    return trovato;
  }
}
```

```
// metodo per leggere il tempo di ricerca cronometrato
public string DimmiTempo()
{ return Convert.ToString(Cronometro.Elapsed); }
}
```

I tempi di ricerca sono sostanzialmente uguali a quelli che si hanno con la ricerca binaria in un array ordinato.

Nota: Il caricamento dell'albero è un momento determinante per le prestazioni della struttura dati: si può ottenere un albero ben bilanciato oppure una situazione che può degenerare in una lista concatenata di nodi, nel caso in cui i valori vengano caricati in ordine.

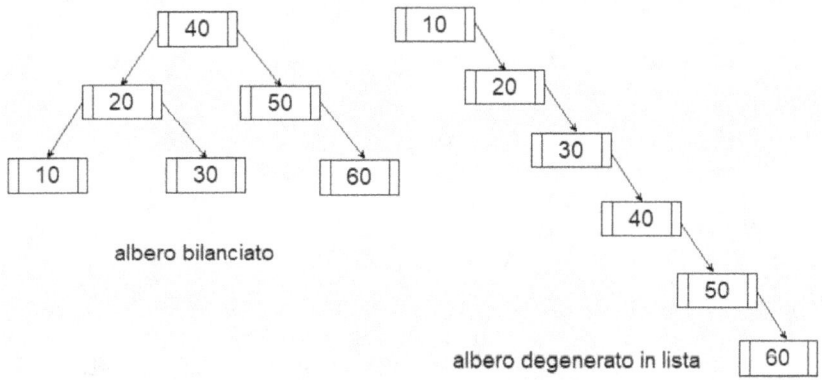

albero bilanciato

albero degenerato in lista

Albero bilanciato e albero degenerato in lista

L'ordine di inserimento dei valori per l'albero bilanciato è stato 40, 20, 30, 50, 10, 60 invece per l'albero degenerato in lista l'ordine di inserimento è stato 10, 20, 30, 40, 50, 60.

Il primo valore inserito viene collocato nel nodo radice dell'albero; i successivi valori vengono collocati nei nodi figli.

Per questo motivo, prima di caricare i valori provenienti da un file ordinato, conviene rimescolarli un po'!.

ESERCIZIO SVOLTO 25.1

Aggiungere alla classe Tree<T> dell'esempio precedente il metodo ToList() per esportarne i valori in una lista.

Suggerimento: occorre scrivere un metodo ricorsivo per visitare i nodi dell'albero in ordine di valore.

Soluzione:

```
using System.Collections.Generic;

public class Tree<T> where T : IComparable<T>
{
  ...

  // metodi aggiuntivi
  public List<T> ToList()
  {
    List<T> lista = new List<T>();
    // chiamata al metodo ricorsivo di visita
    Visit(this, lista);
    return lista;
  }

  // metodo ricorsivo di visita
  // il primo parametro indica il nodo corrente
  // il secondo parametro è la lista per raccogliere i valori
  public void Visit(Tree<T> nodo, List<T> lista)
  {
    // visito il sottoalbero di sinistra di nodo
    if (nodo.LeftChild != null)
    { Visit(nodo.LeftChild, lista); }
    // visito il nodo
    lista.Add(nodo.Data);
    // visito il sottoalbero di destra di nodo
    if (nodo.RightChild != null)
    { Visit(nodo.RightChild, lista); }
  }
```

Si noti che l'istruzione lista.Add(nodo.Data) rimane per un po' in sospeso, in quanto essa può essere eseguita solo dopo che si sono esaurite tutte le chiamate ricorsive innescate da Visit(nodo.LeftChild, lista).

In pratica la logica del metodo Visit è che, per ogni nodo, prima si visitano i suoi figli di sinistra, poi si legge il dato del nodo stesso ed infine si visitano tutti i suoi figli di destra.

In questo modo si ottiene l'elenco ordinato di tutti i valori contenuti nei nodi dell'albero.

Utilizzo:

```
Tree<string> albero = new Tree<string>();
// riempimento dell'albero …
// estrazione dei valori contenuti nell'albero
List<string> elenco = albero.ToList();
```

SortedSet

Il SortedSet (insieme ordinato) prevede il mantenimento di un ordine tra gli elementi della collezione, che non possono avere doppioni, e consente ricerche rapide poiché effettua una ricerca di tipo binario.

I tempi di ricerca sono dell'ordine del logaritmo in base 2 della numerosità n della collezione: con 1000 elementi una ricerca richiede di consultarne 10.

L'implementazione in memoria di un SortedSet viene effettuata mediante un cosiddetto "albero binario" di elementi, dove ogni nodo contiene un valore e ha come figli un nodo a sinistra e uno a destra per contenere i valori, rispettivamente, minori e maggiori di quello considerato (proprio come la classe Tree<T>).

Esempio di utilizzo:

```
// creazione di un SortedSet di stringhe
SortedSet<string> insieme = new SortedSet<string>();

// L'aggiunta di elementi va a buon fine solo se il valore
// non è già presente nell'insieme
set.Add("pippo");
set.Add("nicola");
```

```
set.Add("dario");
set.Add("samuele");

// Rimozione di un elemento
set.Remove("samuele");

// Stampa in ordine alfabetico
foreach (string s in insieme)
{ Console.WriteLine(s); }

// ricerca
bool esito = insieme.Contains("pippo");  // true
```

Attenzione che l'ordine di caricamento dei dati influisce sulle prestazioni di ricerca del Sortedset: si riveda l'esempio del paragrafo precedente.

Dictionary

Il Dictionary (dizionario) o array associativo è una struttura dati dove gli elementi sono indicizzati mediante una chiave, e non mediante la loro posizione, come invece avviene negli array tradizionali.

Array tradizionale

apple	pineapple		
0	1	2	3

Array associativo o Dizionario

apple	pineapple		
mela	ananas		

Una applicazione tipica è la realizzazione di un dizionario contenente parole associate al loro significato o alla loro traduzione in un'altra lingua.

La classe che si usa è Dictionary<TipoChiave, TipoValore>.

Per creare un dizionario si usa l'istruzione:

```
Dictionary<string,string> diz = new Dictionary<string, string>();
```

si aggiungono poi delle parole con il metodo Add(chiave, valore):

```
diz.Add("mela","apple");
```

che pretende l'unicità della chiave inserita.

Se si tenta di aggiungere una coppia con una chiave già presente nel dizionario, come ad esempio "mela", si ottiene un errore di esecuzione (runtime error).

Un modo alternativo per aggiungere elementi nel dizionario è il seguente:

```
diz["ananas"] = "pineapple";
diz["mela"] = "apple";
```

in questo modo se la chiave non esiste essa viene inserita assieme al proprio valore, altrimenti ne viene modificato il valore.

Per accedere al valore associato ad una chiave si scrive:

```
string valore = diz["mela"];   // si ottiene "apple"
```

Questa istruzione da un errore runtime se la chiave non esiste. Pertanto è sempre opportuno effettuare un controllo di esistenza della chiave prima di leggerne il valore:

```
if(diz.ContainsKey("mela"))
{ Console.WriteLine(diz["mela"]); }
```

Per scorrere l'intero contenuto di un dizionario si usa il ciclo foreach, dove ogni elemento è costituito da una coppia chiave-valore (di tipo KeyValuePair<string, string>):

```
foreach (KeyValuePair<string, string> voce in diz)
{ Console.WriteLine( voce.Key + " = " + voce.Value); }
```

si ottiene:

ananas = pineapple
mela = apple

Può esser utile poter estrarre dal dizionario la collezione delle chiavi, mediante la proprietà Keys, e la collezione dei valori, mediante la proprietà Values. Tali collezioni sono facilmente consultabili con un ciclo foreach, come ad esempio:

```
foreach(string s in diz.Keys)
{ Console.WriteLine(s); }
```

ESERCIZIO SVOLTO 25.2

Scrivere la classe DizionarioItaEng per memorizzare la traduzione in inglese di parole italiane.

Soluzione:

```
public class DizionarioItaEng
{
  public Dictionary<string,string> Diz {get; private set;}

  public DizionarioItaEng()
  { Diz = new Dictionary<string,string>(); }

  public void Aggiungi(string parola, string traduzione)
  {
    Diz[parola] = traduzione;
  }

  public string Traduci(string parola)
  {
    if(Diz.ContainsKey(parola))
    { return Diz[parola]); }
    else
    { return "parola non trovata"; }
  }
```

```
// metodo che estrae dal dizionario
// l'elenco delle parole in ordine alfabetico
public List<string> ElencoParole()
{
  // con Keys si ottiene la collezione delle chiavi
  // del dizionario (è di tipo IEnumerable<string>)
  // poi la funzione ToList() trasforma tale
  // collezione in una lista di stringhe
  // (tale funzione appartiene alla libreria LINQ)
  // infine con Sort() si ordina la lista
  List<string> elenco = Diz.Keys.ToList();
  elenco.Sort();
  return elenco;
}
}
```

Tipicamente per la realizzazione di un Dizionario si utilizza internamente una struttura hash per le coppie (chiave, valore).

Le ricerche basate sulla chiave risultano estremamente veloci perchè la posizione di inserimento nella struttura dati viene calcolata basandosi sul valore della chiave stessa.

Per il trasferimento del contenuto di un dizionario da una applicazione ad un'altra si può effettuare una serializzazione in formato XML.

ESERCIZIO SVOLTO 25.3

Scrivere un programma per serializzare in formato XML il dizionario di parole italiano, inglese.

Soluzione:

Poiché la classe Dictionary<TKey, TValue> non è nativamente serializzabile, si deve procedere manualmente: innanzitutto si definisce la classe Item per rappresentare le coppie chiave-valore che costituiscono gli elementi del dizionario, poi si trasferiscono queste coppie in una lista di Item che, infine, può essere serializzata.

La classe Item è stata definita con tipi generici, per maggiore generalizzabilità del codice:

```
[Serializable]
public class Item<Tkey, TValue>
{
  [XmlAttribute("key")]
  public Tkey Key {get; set;}

  [XmlAttribute("value")]
  public TValue Value {get; set;}
 }
```

```
using System.Xml.Serialization;
using System.Collections.Generic;
using System.IO;

// aggiunta del metodo per la serializzazione
public class DizionarioItaEng
{
  public Dictionary<string, string> Diz {get; private set;}

  public void Serializza()
  {
 List<Item<string, string>> listaCoppie;
    listaCoppie = new List<Item<string, string>>();
    // estraggo le chiavi e le metto in ordine
    List<string> chiavi = Diz.Keys.ToList();
    chiavi.Sort();
    foreach (string s in chiavi)
    {
      listaCoppie.Add(new Item<string, string>()
                  { Key = s, Value = Diz[s] });
    }
    StreamWriter file = new StreamWriter("dizionario.xml");
    XmlSerializer  serializer = new XmlSerializer(
                      typeof(List<Item<string, string>>));
    serializer.Serialize(file, listaCoppie);
    file.Close();
  }
}
```

Il file dizionario.xml che si ottiene risulta più compatto grazie alla scelta di considerare key e value come "attributi" piuttosto che come elementi singoli.

dizionario.xml

```
<?xml version="1.0" encoding="utf-8"?>
<ArrayOfItemOfStringString
xmlns:xsi="http://www.w3.org/2001/XMLSchema-instance"
xmlns:xsd="http://www.w3.org/2001/XMLSchema">
<ItemOfStringString key="ananas" value="pineapple" />
<ItemOfStringString key="mela" value="apple" />
<ItemOfStringString key="verde" value="green" />
</ArrayOfItemOfStringString>
```

SortedDictionary

Il SortedDictionary funziona nello stesso modo del Dictionary con la differenza che esso usa internamente una struttura ad albero per mantenere sempre ordinate le chiavi al prezzo di un rallentamento dei tempi di ricerca, che sono gli stessi di quelli di un SortedSet.

Il vantaggio principale è quello che si può ottenere facilmente una stampa ordinata delle coppie chiave-valore contenute nel dizionario:

```
SortedDictionary<string, string> dizionario;

foreach (KeyValuePair<string,string> elemento in dizionario)
{ Console.WriteLine(elemento.Key + elemento.Value); }
```

che per comodità si può anche scrivere:

```
foreach (var elemento in dizionario)
{ Console.WriteLine(elemento.Key + elemento.Value); }
```

SortedList

Se in una struttura ad albero i valori vengono caricati in ordine, l'albero degenera in una lista con accesso sequenziale e quindi, piuttosto di un SortedDictionary<TKey, TValue> conviene utilizzare una SortedList<TKey, TValue> che internamente utilizza un array di oggetti mantenuto ordinato in base al valore della chiave associata a ciascun oggetto.

La SortedList può pertanto avvalersi della ricerca binaria per effettuare velocemente ricerche basate sul valore della chiave.

Per illustrarne il funzionamento si riporta un piccolo esempio di valori di tipo stringa associati a chiavi di tipo intero:

```csharp
// SortedList per associare ai numeri (chiavi) la loro scrittura
// in italiano (valori)
SortedList<int, string> numeri = newSortedList<int, string>();
// il metodo Add produce un errore run-time se il valore della
// chiave esiste già
numeri.Add(3, "tre");
numeri.Add(1, "uno");
numeri.Add(2, "due");
numeri.Add(10, "dieci");
numeri.Add(5, "cinque");
// la struttura dati SortedList memorizza coppie chiave-valore:
foreach(KeyValuePair<int, string> coppia in numeri)
{ Console.WriteLine(coppia.Key + "" + coppia.Value); }
// si ottiene la stampa dei valori in ordine di chiave
1 uno
2 due
3 tre
5 cinque
10 dieci


// accesso ai valori con chiave
// per evitare errori run-time conviene sempre controllare la
// presenza della chiave
if(numeri.ContainsKey(3))
{
   Console.WriteLine(numeri[3]);    // stampa "tre"
}

// modifica del valore associato ad una chiave, se essa esiste
// oppure aggiunge la nuova coppia se la chiave non esiste
numeri[3] = "TRE"; // modifica del valore associato a 3
numeri[4] = "quattro"; //aggiunta della nuova coppia: 4 "quattro"
```

26.Programmazione di ordine superiore

La programmazione di ordine superiore è uno stile di programmazione che prevede la possibilità di assegnare come valori ad una variabile sia oggetti che funzioni di calcolo.

Questo stile di programmazione è proprio del paradigma funzionale ma viene utilmente incorporato anche nel paradigma della programmazione ad oggetti.

Ad esempio si può dichiarare la variabile f di tipo funzione di interi in interi

```
Func<int, int> f;
```

le si può assegnare una qualche funzione di calcolo, come quella che raddoppia il valore in input

```
f = Raddoppia;
```

e poi si può applicare la funzione f ai valori che vogliamo, come ad esempio:

```
int n = f(3); // si ottiene 6
int m = f(4); // si ottiene 8
```

dopodiché si potrà assegnare ad f la funzione che calcola il quadrato di un numero intero e utilizzarla per fare nuovi calcoli:

```
f = Quadrato;
int z = f(3); // si ottiene 9
int w = f(5); // si ottiene 25
```

Le funzioni Raddoppia e Quadrato sono tecnicamente dei metodi static, ovvero metodi non associati ad un oggetto:

```
public static int Raddoppia(int x)
{ return 2 * x; }

public static int Quadrato(int x)
{ return x * x; }
```

In questo modo è possibile scrivere metodi più flessibili, avendo la possibilità di ricevere in input sia oggetti che funzioni.

ESEMPIO APPLICATIVO 1

Ad esempio, si pensi alla classe Rettangolo corredata del metodo Modifica che è versatile potendo di volta in volta scegliere quale funzione di calcolo applicare.

```csharp
public class Rettangolo
{
  public int Larghezza {get; set;}
  public int Altezza {get; set;}

  // metodo che utilizza una funzione di calcolo
  public void Modifica(Func<int, int> f)
  {
    Larghezza = f(Larghezza);
    Altezza = f(Altezza);
  }

  // funzioni di calcolo
  public static int Raddoppia(int x)
  { return 2 * x; }

  public static int Triplica(int x)
  { return 3 * x; }
}
```

Esempio di utilizzo della classe Rettangolo:

```csharp
Rettangolo r = new Rettangolo() {Larghezza = 10, Altezza = 20};
r.Modifica(Rettangolo.Raddoppia);
Console.WriteLine(r.Larghezza);  //  20
Console.WriteLine(r.Altezza);    //  40
```

ESEMPIO APPLICATIVO 2

Si pensi ad un programma di elaborazione fotografica.

La classe Fotografia contiene il metodo ApplicaFiltro che riceve in input il filtro che si vuole applicare per trasformare il colore dei pixel e anche un parametro opzionale di tipo intero.

Pertanto il metodo ApplicaFiltro viene dichiarato nel seguente modo:

```
public void ApplicaFiltro(Func<Color, int, Color> filtro,
                          int parametro = 0)
```

Il filtro è una funzione di elaborazione che riceve in ingresso un Color e un parametro intero e a sua volta restituisce un Color.

A titolo esemplificativo si scrivono le funzioni che realizzano dei semplici filtri per regolare la luminosità e il contrasto dei colori dei pixel dell'immagine:

```
using System.Drawing;

public class Fotografia
{
  public Bitmap Foto {get; set;}

  // carica la foto da un file come ad esempio "image.jpg"
  public void CaricaFoto(string nomeFile)
  { Foto = new Bitmap(nomeFile); }

  public void SalvaFoto(string nomeFile)
  { Foto.Save(nomeFile); }

  // metodo che duplica la fotografia
  public Fotografia Duplica()
  {
    Fotografia ris = new Fotografia();
    ris.Foto = (Bitmap) this.Foto.Clone();
    return ris;
  }

  // il metodo ApplicaFiltro riceve il filtro da applicare e
  // un parametro intero opzionale (per default = 0)
  public void ApplicaFiltro(Func<Color, int, Color> filtro,
                            int parametro = 0)
  {
    Color c;
    for (int i = 1; i <Foto.Width; i++)
      for (int j = 1; j <Foto.Height; j++)
      {
        // leggo il colore del pixel di posizione i,j
        c = Foto.GetPixel(i, j);
        // applico il filtro per calcolare il nuovo colore
        c = filtro(c, parametro);
```

```
           // assegno al pixel i,j il nuovo colore
           Foto.SetPixel(i, j, c);
        }
   }


   // i filtri sono funzioni che, nella terminologia del C#,
   // corrispondono a "metodi static", ovvero a metodo non
   // associati ad un oggetto i quali vengono chiamati
   // specificando anche il nome della classe che li contiene
   // come ad esempio  Fotografia.AumentaLuminosità
   public static Color AumentaLuminosità(Color c, int n)
   {
     // per schiarire il colore si aumenta di n il
     // valore delle componenti red, green e blue
     // Se si ottiene un risultato > 255 si mette 255
     // in quanto i valori ammessi vanno da 0 a 255
     int red = Math.Min(c.R + n, 255);
     int green = Math.Min(c.G + n, 255);
     int blue = Math.Min(c.B + n, 255);
     Color risultato = Color.FromArgb(red, green, blue);
     return risultato;
   }

   public static Color DiminuisciLuminosità(Color c, int n)
   {
     // per scurire il colore si diminuisce di n il
     // valore delle componenti red, green e blue
     // Se si ottiene un risultato negativo si mette 0
     // in quanto i valori ammessi vanno da 0 a 255
     int red = Math.Max(c.R - n, 0);
     int green = Math.Max(c.G - n, 0);
     int blue = Math.Max(c.B - n, 0);
     Color risultato = Color.FromArgb(red, green, blue);
     return risultato;
   }

   public static Color AumentaContrasto(Color c, int n)
   {
     // si vuole aumentare il contrasto di n/100 (es. 10%)
     // Il calcolo consiste nel moltiplicare i colori
     // per un numero > 1 che è dato da (100+n)/100
     // Se si ottiene un risultato > 255 si mette 255
     // in quanto i valori ammessi vanno da 0 a 255
     int red = Math.Min(c.R * (100 + n) / 100, 255);
     int green = Math.Min(c.G * (100 + n) / 100, 255);
     int blue = Math.Min(c.B * (100 + n) / 100, 255);
     Color risultato = Color.FromArgb(red, green, blue);
     return risultato;
   }
```

```
}
```

Nella classe Form si può associare ad un pulsante il seguente metodo che effettua il caricamento di una fotografia, la visualizza, applica un filtro, ne visualizza il risultato e poi ne effettua il salvataggio su disco:

```
private void button1_Click(object sender, EventArgs e)
{
  Fotografia f = new Fotografia();
  f.CaricaFoto("c:\\temp\\prova1.jpg");
  // visualizzazione della foto originale nel pictureBox1
  pictureBox1.Image = f.Foto;
  Fotografia f2 = f.Duplica();
  f2.ApplicaFiltro(Fotografia.AumentaLuminosità, 30);
  // visualizzazione della foto modificata nel pictureBox2
  pictureBox2.Image = f2.Foto;
  f2.SalvaFoto("c:\\temp\\prova2.jpg");
}
```

Il concetto di Delegato

Delegato = chi ha avuto l'incarico di esercitare funzioni proprie di altra persona (dal dizionario Treccani).

Nel linguaggio C#, con la parola chiave "**delegate**" si possono definire diversi **tipi di funzioni**, in modo analogo a come le **classi** consentono di definire nuovi **tipi di oggetti**.

Ad esempio si vuole dichiarare il delegato di nome FunzioneMatematica come funzione di interi in interi:

```
public delegate int FunzioneMatematica(int valore);
```

Adesso si può dichiarare una variabile f di tipo FunzioneMatematica e assegnarvi una delle funzioni create precedentemente:

```
FunzioneMatematica f = new FunzioneMatematica(Raddoppia);
```

o più semplicemente:

```
FunzioneMatematica f = Raddoppia;
```

La variabile f contiene un riferimento alla funzione Raddoppia e può essere utilizzata come "delegato" per richiamare tale funzione:

```
// utilizzo della funzione
int a = f(3);  // si ottiene 6
```

Per comodità, il linguaggio C# fornisce già alcuni tipi di delegati sufficientemente generali da soddisfare sostanzialmente tutte le esigenze del programmatore. Si tratta di

Func

> che rappresenta funzioni che restituiscono un qualche valore, esempio il tipo Func<T1, T2, TResult> rappresenta una funzione con parametri di tipo T1 e T2 che produce un risultato di tipo TResult

Predicate

> che rappresenta funzioni che restituiscono un valore booleano

Action

> che rappresenta funzioni che effettuano delle azioni senza restituire nessun valore (funzioni void)

Un particolare tipo di delegato è l'EventHandler che rappresenta una azione da associare ad un evento dell'interfaccia utente:

```
EventHandler a = Azione;
```

```
button1.Click += a;  // aggiunta di un gestore per l'evento click
```

dove, ad esempio, Azione è un metodo che va a scrivere un testo in una etichetta (label) del form:

```
public static void Azione(object sender, EventArgs e)
{ label1.Text = "funziona!";}
```

ESEMPIO APPLICATIVO 3

Una applicazione interessante dei delegati è la possibilità di definire in modo flessibile il criterio di ordinamento di un array di oggetti mediante una apposita funzione assegnata al metodo di ordinamento.

Si consideri, ad esempio, un elenco di persone con gli attributi Nome ed Età e la possibilità di effettuare un ordinamento in base al Nome oppure in base all'Età.

```
public class Persona
{
  public string Nome{get;set;}
  public int Età {get; set;}

  // funzioni che esprimono i criteri di ordinamento
  // ritornano -1 se p1 < p2
  // ritornano  0 se p1 == p2
  // ritornano +1 se p1 > p2
  public static int OrdinaPerNome(Persona p1, Persona p2)
  {
    // utilizzo il metodo CompareTo delle stringhe
    return p1.Nome.CompareTo(p2.Nome);
  }

  public static int OrdinaPerEtà(Persona p1, Persona p2)
  {
    if (p1.Età < p2.Età) { return -1; }
    else if(p1.Età == p2.Età) { return 0; }
    else { return +1; }
  }
}
```

```
public class ElencoPersone
{
  public List<Persona> Elenco {get; private set; }

  public ElencoPersone()
  { Elenco = new List<Persona>(); }

  public void CaricaPersona(string unNome, int unEtà)
  {
    Elenco.Add(new Persona() {Nome = unNome, Età = unEtà});
  }
```

```
public void Ordina(Func<Persona,Persona,int> criterio)
{
  // insertion sort
  for(int i = 1; i < elenco.Count; i++)
  {
    Persona appo = elenco[i];
    int j = i;
    while (j > 0 &&criterio(appo, elenco[j-1]) < 0)
    {
      elenco[j] = elenco[j-1];
      j--;
    }
    array[j] = appo;
  }
}
}
```

Prova di utilizzo:

```
private void button2_Click(object sender, EventArgs e)
{
  ElencoPersone ep = new ElencoPersone();
  ep.CaricaPersona("gianni", 20);
  ep.CaricaPersona("antonio", 30);
  ep.CaricaPersona("luca", 10);
  ep.Ordina(Persona.OrdinaPerNome);
}
```

Espressioni Lambda

La scrittura delle funzioni da assegnare ai "delegati" risulta un po' laboriosa e pertanto, a partire da C# 3.5, sono state introdotte le **funzioni anonime**, che vengono definite direttamente nel momento del loro utilizzo e che vengono scritte utilizzando le cosiddette **espressioni lambda** ("λ expression").

Le espressioni lambda furono introdotte da McCarthy con il linguaggio LISP sin dagli anni '60 per intendere funzioni anonime. Si tratta di un costrutto sintattico fondamentale del paradigma di programmazione funzionale, che sempre di più si trova incorporato nei moderni linguaggi di programmazione ad oggetti, che così assumono una caratterizzazione ibrida.

L'utilizzo delle espressioni lambda semplifica il lavoro del programmatore!

Una espressione lambda nella variabile x viene scritta con la seguente sintassi:

$$x => espressione$$

Le espressioni lambda sono espressioni che calcolano un risultato, o effettuano una computazione, senza mai modificare il valore della variabile x su cui esse si applicano: l'**immutabilità** dei valori è uno dei principi di base della programmazione funzionale.

Ad esempio, una espressione lambda per calcolare il triplo del valore del parametro x è la seguente:

```
x => x*3
```

Questa espressione lambda può essere assegnata a un delegato di tipo Func<int,int>

```
// assegnazione di una espressione lambda al delegato f
Func<int,int> f = x => x*3;
// utilizzo di f per effettuare un calcolo
int risultato = f(10);   // si ottiene 30
```

Una espressione lambda può essere applicata a tutti gli elementi di una List con il metodo ForEach(), ad esempio per stamparli:

```
List<Persona> elenco;
elenco.ForEach(x => Console.WriteLine(x.Nome + x.Età));
```

Il metodo ForEach() vuole come parametro una Action<T>, ovvero un metodo void che viene applicato a tutti gli elementi della collezione.

Si potrebbe pertanto chiedere a tutte le persone dell'elenco di fare il compleanno con l'istruzione:

```
elenco.ForEach(x => x.FaiCompleanno());
```

Una espressione lambda con due variabili consente di esprimere l'azione dell'esempio precedente, da associare all'evento click:

```
button1.Click += (sender, e) => label1.Text="funziona";
```

A questo punto il programmatore può scegliere se seguire un orientamento ad oggetti "puro", come nel seguente esempio:

```
public class Persona
{
  public string Nome {get; set;}
  public int Età {get; set;}

  public bool IsMaggiorenne()
  { return Età >= 18; }
}


public class Scuola
{
  public List<Persona> Elenco {get; private set;}

  // metodi di ordinamento con un criterio fisso
  public void OrdinaPerNome()
  { ... }

  public void OrdinaPerEtà()
  { ... }

  public int ContaMaggiorenni()
  {
    int cont = 0;
    foreach (Persona p in elenco)
    { if (p.IsMaggiorenne()) { cont++; } }
    return cont;
  }
}


public class Program
{
  public static void Main()
  {
    Scuola s = new Scuola();
    s.OrdinaPerNome();
    int n = s.ContaMaggiorenni();
```

```
    }
}
```

Notare che sono stati scritti diversi metodi per ciascuno dei diversi criteri di ordinamento previsti e per ciascuna delle condizioni di conteggio previste.

Oppure, può preferire un orientamento ibrido facendo uso dei delegati:

```csharp
public class Persona
{
  public string Nome {get; set;}
  public int Età {get; set;}

  // funzioni per esprimere i criteri di ordinamento
  public static int OrdinaPerNome(Persona p1, Persona p2)
  { return p1.Nome.CompareTo(p2.Nome); }

  public static int OrdinaPerEtà(Persona p1, Persona p2)
  { return p1.Età.CompareTo(p2.Età); }

  // predicati per esprimere le condizioni del conteggio
  public static bool IsMaggiorenne(Persona p)
  { return p.Età >= 18; }
}


public class Scuola
{
  public List<Persona> Elenco {get; private set;}

  public void Ordina(Func<Persona,Persona,int> criterio)
  { ... }

  public int Conta(Predicate<Persona> condizione)
  {
    int cont = 0;
    foreach (Persona p in elenco)
    { if (condizione(p)) { cont++; } }
    return cont;
  }
}

public class Program
{
  public static void Main()
```

```
    {
      Scuola s = new Scuola();
      //caricamento dati
      ...
      s.Ordina(Persona.OrdinaPerNome);
      int n = s.Conta(Persona.IsMaggiorenne);
    }
}
```

Notare che ora si scrive un solo metodo di ordinamento e un solo metodo di conteggio, con diverse funzioni per esprimere i diversi criteri di ordinamento e le diverse condizioni di conteggio.

Il codice si semplifica ulteriormente grazie all'utilizzo di espressioni lambda, che liberano il programmatore dalla fatica di prevedere e scrivere i diversi criteri di ordinamento e le diverse condizioni di conteggio.

```
public class Persona
{
  public string Nome {get; set;}
  public int Età {get; set;}
}


public class Scuola
{
  public List<Persona> Elenco {get; private set;}

  public void Ordina(Func<Persona,Persona,int> criterio)
  { ... }

  public int Conta(Predicate<Persona> condizione)
  { ... }
}


public class Program
{
  public static void Main()
  {
    Scuola s = new Scuola();
    //caricamento dati
    ...
    // uso di espressioni lambda
    s.Ordina((p1, p2) => p1.Nome.CompareTo(p2.Nome));
    int n = s.Conta(p => p.Età >= 18);
```

```
    }
}
```

Ricerca e Ordinamento in una Lista

La classe List<T> prevede alcuni metodi molto comodi per effettuare ricerche e per ordinare i dati in essa contenuti.

Per effettuare una ricerca si usa il metodo Find(Predicate<T>) e le sue varianti FindAll() e FindIndex()[4].

Si consideri la classe Persona con le proprietà Nome ed Età e un elenco di persone:

```
List<Persona> elenco;
```

Find() trova la prima persona che soddisfa la condizione espressa dal predicato:

```
Persona p = elenco.Find(x => x.Nome == "antonio");
```

se non c'è nessuna persona che soddisfa tale condizione, il risultato sarà null.

FindAll() recupera tutte le persona che soddisfano la condizione:

```
List<Persona> maggiorenni = elenco.FindAll(x => x.Età >= 18);
```

FindIndex() trova la posizione della prima persona che soddisfa la condizione:

```
int posizione = elenco.FindIndex(x => x.Nome == "antonio");
```

se non c'è nessuna persona che soddisfa tale condizione, il risultato sarà -1.

I metodi FindLast() e FindLastIndex() funzionano in modo analogo.

---

[4]Per l'uso di delegati che dipendono da dei parametri si veda l'appendice 4

QUESITO 1

Scrivere l'istruzione per recuperare tutte le persone il cui nome inizia per A.

Soluzione:

```
List<Persona> risultato;
risultato = elenco.FindAll(x => x.Nome.StartsWith('A'));
```

QUESITO 2

Scrivere un metodo per recuperare tutte le persone il cui nome inizia con un carattere fornito in input.

Soluzione:

```
public List<Persona> PersoneCheInizianoCon(char lettera)
{ return elenco.FindAll(x => x.Nome.StartsWith(lettera)); }
```

Notare che in questo caso l'espressione lambda utilizza una variabile locale del metodo.

Ordinamento

Per effettuare l'ordinamento delle persone della lista si usa il metodo Sort().

Tale metodo utilizza il criterio di confronto definito mediante il CompareTo() della classe Persona. Si tratta del criterio di confronto principale per mettere in ordine le persone:

```
elenco.Sort();  // si applica il CompareTo() della classe Persona
```

C'è anche un'altra versione del metodo Sort(), ovvero un "overload del metodo", che riceve come parametro un delegato di tipo Comparison<T>.

Il tipo Comparison<T> rappresenta una funzione che riceve in input una coppia di oggetti da confrontare e restituisce un numero intero (+1, 0, -1) per esprimere il risultato del confronto (analogamente al metodo CompareTo()).

Ad esempio, la funzione che esprime il criterio di confronto basato sul nome è la seguente:

```
public static int OrdinaPerNome(Persona p1, Persona p2)
{ return p1.Nome.CompareTo(p2.Nome); }
```

che viene utilizzata scrivendo

```
elenco.Sort( OrdinaPerNome );
```

Per evitare la fatica di scrivere una tale funzione di confronto si può agevolmente ricorrere ad una espressione lambda avente come parametri i due oggetti da confrontare:

```
// in ordine di nome
elenco.Sort((x1, x2) => x1.Nome.CompareTo(x2.Nome));

// in ordine di età
elenco.Sort((x1, x2) => x1.Età.CompareTo(x2.Età));
```

QUESITO 3

Scrivere l'istruzione per mettere l'elenco delle persone in ordine decrescente di età

Soluzione:

```
// inversione degli operandi x1 e x2

elenco.Sort((x1, x2) => x2.Età.CompareTo(x1.Età));
```

oppure cambiando il segno del confronto tra x1 e x2:

```
elenco.Sort((x1, x2) => (-1) * x1.Età.CompareTo(x2.Età));
```

> La conoscenza dei delegati, ed in particolare delle espressioni lambda, consente di utilizzare in modo consapevole la libreria di funzioni LINQ.

27.   Uso di LINQ

LINQ (pron. LINK), Language Integrated Query, è una libreria di funzioni per l'interrogazione di strutture dati in RAM.

Con LINQ si possono facilmente estrarre dati e anche ottenere delle sintesi degli stessi, ma senza poter modificare i dati di partenza.

Approccio dichiarativo

Con l'utilizzo delle funzioni della libreria LINQ si ottiene un livello di astrazione più elevato nei programmi.
Infatti, il programmatore si deve preoccupare solo di esprimere "che cosa" vuole ottenere senza la necessità di scrivere il ciclo di operazioni che devono essere effettuate per ottenere il risultato.

Tutte le strutture dati che rappresentano collezioni di dati sono enumerabili, ovvero implementano l'interfaccia IEnumerable<T>, e quindi su di esse si possono utilizzare le funzioni di LINQ.

L'interfaccia IEnumerable<T> prevede l'implementazione del metodo GetEnumerator che consentono di utilizzare il ciclo foreach per scorrerne il contenuto.

Enumerazione degli elementi

L'istruzione foreach è prevista per tutte le collezioni di dati che implementano il metodo GetEnumerator().
Infatti, il ciclo

```
foreach (Persona p in lista)
{
   // operazioni su p …
}
```

---

corrisponde a

```
var e = lista.GetEnumerator();
while (e.MoveNext())
{
  Persona p = e.Current;
  // operazioni su p …
}
```

LINQ consente la composizione di funzioni in modo del tutto naturale, in quanto si tratta di funzioni che si applicano ad una generica collezione IEnumerable<T> e che restituiscono a loro volta una collezione IEnumerable<T>.

Per poter usare LINQ occorre la direttiva   using System.Linq;

Si consideri un elenco di oggetti di tipo Persona con attributi Nome, Età e Provincia

Persona
Nome
Età
Provincia

```
List<Persona> elenco = new List<Persona>();
elenco.Add(new Persona(){Nome="gianni", Età=33, Provincia="TV"});
elenco.Add(new Persona(){Nome="mario", Età=25, Provincia="TV"});
elenco.Add(new Persona(){Nome="laura", Età=23, Provincia="PD"});
```

Si vogliono estrarre le persone della Provincia di TV in ordine di nome. A tal fine si utilizzano le funzioni Where e OrderBy:

```
var risultatoParziale = elenco.Where(x => x.Provincia == "TV");
var risultato = risultatoParziale.OrderBy(x => x.Nome);
```

Le due suddette istruzioni equivalgono a scrivere su un'unica riga una concatenazione di funzioni:

```
var risultato =
    elenco.Where(x => x.Provincia == "TV").OrderBy(x => x.Nome);
```

E' comodo scrivere **var** e lasciare al compilatore l'inferenza automatica sul tipo di variabile che in questo caso è **IEnumerable<Persona>**

Esiste anche una cosiddetta QUERY SYNTAX, ispirata al linguaggio SQL, per esprimere tale sequenza di operazioni:

```
var risultato = from x in elenco
                where x.Provincia == "TV"
                orderby x.Nome
                select x;
```

L'uso di tale sintassi può piacere o meno, tuttavia si ricordi che il prezzo della sua apparente maggiore facilità di lettura è una potenza espressiva leggermente inferiore.

Se si vuole effettuare una selezione di elementi mediante un criterio composto si possono utilizzare gli operatori logici && (and) e || (or), come nel seguente esempio:

```
var risultato =
   elenco.Where(x => x.Provincia == "TV" || x.Provincia == "PD")
        .OrderBy(x=>x.Nome);
```

Se si vuole impostare un criterio multiplo di ordinamento, prima per Nome e poi, a parità di nome, per Età:

```
var risultato = elenco.Where(x => x.Provincia == "TV")
                    .OrderBy(x => x.Nome)
                    .ThenBy(x => x.Età);
```

Per ottenere i dati in ordine decrescente di nome si usa la funzione: OrderByDescending(x => x.Nome)

Se si vogliono estrarre le persone che sono studenti e che hanno voto >= 6, ipotizzando che il tipo Studente derivi dal tipo Persona, si scrive:

```
// in questo caso var indica IEnumerable<Studente>
var risultato = elenco.OfType<Studente>().Where(x=>x.Voto >= 6);
```

La funzione OfType<T>()

La funzione OfType<T>() oltre a selezionare il sottoinsieme degli oggetti di tipo T contenuti nella lista, effettua anche la conversione formale degli stessi (casting) al tipo T.

Il tipo IEnumerable<T> consente di applicare un ciclo foreach alla collezione di dati per poterli visualizzare o per effettuare qualche elaborazione, e può anche essere direttamente associato a controlli dell'interfaccia grafica come ListBox o ComboBox o DataGrid.

Tuttavia, se si desidera ottenere una lista di oggetti si può convertire il risultato ottenuto con la funzione **ToList()**

```
List<Persona> lista = elenco.Where(x=>x.Provincia=="TV").ToList();
```

Nella libreria LINQ esistono molteplici funzioni, come ad esempio quelle che calcolano una sintesi dei dati: Max, Min, Sum, Average, Count.

Se per esempio si vuole ottenere la media complessiva dei voti degli studenti con voto sufficiente, si deve scrivere:

```
double media = elenco.OfType<Studente>()
            .Where(x => x.Voto >= 6)
            .Average(x => x.Voto);
```

Le funzioni Single e First

La libreria LINQ prevede anche delle funzioni che restituiscono un singolo oggetto prelevato dalla collezione di partenza. Si tratta delle funzioni Single e First.

La funzione **Single** si aspetta di trovare **esattamente un oggetto** che soddisfa la condizione impostata, e genera un **errore runtime** nel caso in cui ce sia più di uno che soddisfa tale condizione.

La logica è quella di usare come criterio di ricerca un attributo identificativo dell'oggetto stesso, come potrebbero essere il numero di targa di un veicolo oppure il numero di matricola di uno studente.

La funzione **First**, invece, restituisce **il primo oggetto** della collezione che verifica la condizione impostata.

Entrambe le suddette funzioni Single() e First() producono un **errore runtime** nel caso in cui non ci sia **nessun oggetto** che soddisfa tale condizione.

Esempi con una lista di persone:

```
List<Persona> lista = …;
// si suppone che la lista non sia vuota!
// altrimenti c'è un runtime error
// si suppone anche che luigi esista e sia unico
Persona p1 = lista.Single(x => x.Nome == "luigi");
// si suppone che ci sia almeno un maggiorenne
Persona p2 = lista.First(x => x.Età >= 18);
```

Per evitare errori runtime conviene innanzitutto controllare se l'oggetto cercato esiste, utilizzando la funzione Any():

```
Persona p = null;
if (lista.Any(x => x.Nome == "luigi"))
{
  p = lista.Single(x=>x.Nome == "luigi");
}
```

In alternativa a quanto appena mostrato, si possono utilizzare le analoghe funzioni **SingleOrDefault** e **FirstOrDefault**, che evitano di incorrere in un errore runtime nel caso in cui non ci siano elementi che soddisfano la condizione richiesta:

- SingleOrDefault ritorna null se non c'è nessuno, tuttavia essa genera un errore runtime se ce n'è più di uno
- FirstOrDefault   ritorna null se non c'è nessuno

ESERCIZIO SVOLTO 27.1

Scrivere le istruzioni per aumentare di 1000 lo stipendio del Professore di nome Bandiera contenuto in una lista di Persone, sapendo che Professore è un tipo che deriva da Persona e ha il metodo AumentaStipendio(importo).

Soluzione:

```
// creazione e caricamento dell'elenco di persone
List<Persona> elenco = …..
Professore p = elenco.OfType<Professore>()
            .SingleOrDefault(x -> x.Nome == "Bandiera");
if (p != null)
{ p.AumentaStipendio(1000); }
```

Select e SelectMany

Le funzioni Select e SelectMany consentono di personalizzare i dati estratti da una collezione di oggetti.

Si consideri la classe PersonaConTelefono che contiene le proprietà Nome, Età, Provincia e una lista di Numeri di Telefono:

```
public class PersonaConTelefono
{
  public string Nome {get;set;}
  public int Età {get;set;}
  public string Provincia {get; set;}
  public List<string> NumeriDiTelefono {get;set;}
}
```

```
// Creazione di un elenco di persone con telefono
List<PersonaConTelefono> elenco = new List<PersonaConTelefono>();
elenco.Add(new Persona() { Nome="mario", Età=20,
      NumeriDiTelefono=new List<string>(){ "123", "456" }});
elenco.Add(new Persona() { Nome="francesco giuseppe", Età=30,
      NumeriDiTelefono=new List<string>(){ "111", "411" }});
elenco.Add(new Persona(){ Nome="filippo emanuele", Età=10,
      NumeriDiTelefono=new List<string>(){ "899" }});
Console.WriteLine(elenco.Count);    // 3
```

La funzione Select consente di estrarre un singolo attributo dagli oggetti della lista.

Esempio: uso della funzione Select per produrre la lista dei Nomi delle persone maggiorenni, in ordine alfabetico

```
List<string> listaNomi =
          elenco.Where(x => x.Età >= 18)
          .OrderBy(x => x.Nome)
          .Select(x => x.Nome)
          .ToList();
listaNomi.ForEach(x => Console.WriteLine(x));
```

si ottiene:

  francesco giuseppe
  mario

Il metodo ForEach(Action<T>)

Il metodo ForEach() applica una azione a tutti gli elementi di una Lista.
Esso non fa parte della libreria LINQ, bensì è un metodo della classe List<T>.

> Utilizzando ForEach è possibile anche applicare una azione che modifica gli oggetti della List, mentre LINQ li considera immutabili.

La funzione Select consente anche di estrarre alcuni attributi dagli oggetti della collezione e creare dei nuovi oggetti.

Esempio: uso della funzione Select per produrre una lista di oggetti di tipo Persona (senza numero di telefono) in ordine di Nome:

```
List<Persona> listaPersone =
elenco.OrderBy(x => x.Nome)
    .Select(x => new Persona()
        { Nome=x.Nome, Età=x.Età, Provincia=x.Provincia })
    .ToList();
```

La funzione SelectMany consente di estrarre i singoli valori contenuti in un attributo che è costituito da un elenco di valori, come ad esempio i NumeriDiTelefono di ciascuna persona.

In sostanza, la funzione SelectMany consente di "appiattire" la lista di liste in un'unica lista di valori!!

Esempio: uso di SelectMany per produrre la Lista dei numeri di telefono delle persone che hanno più di 18 anni:

```
List<string> listaNumeriDiTelefono =
        elenco.Where(x => x.Età > 18)
        .OrderBy(x => x.Nome)
        .SelectMany(x => x.NumeriDiTelefono)
        .ToList();

listaNumeriDiTelefono.ForEach(x => Console.WriteLine(x));
```

si ottiene:

```
111
411
123
456
```

Esempio: uso di SelectMany per ottenere la lista delle parole contenute nei nomi; in questo caso si tratta di "appiattire" la lista di stringhe contenenti ciascuna più parole!!

```
List<string> listaNomi =
        elenco.Where(x => x.Età > 18)
        .OrderBy(x => x.Nome)
        .SelectMany(x => x.Nome.Split(' '))
        .ToList();
listaNomi.ForEach(x => Console.WriteLine(x));
```

si ottiene:

```
  francesco
  giuseppe
  mario
```

Raggruppamenti con GroupBy

La funzione GroupBy() effettua il raggruppamento degli elementi di una collezione in base al valore di una chiave (key).

GroupBy produce come risultato una <u>collezione di gruppi</u>. Ciascun gruppo è costituito dalla chiave usata per il raggruppamento (key) e dalla collezione di elementi appartenenti a tale gruppo.

Il tipo dei gruppi è IGrouping<TKey, TElement>, dove TKey è il tipo della chiave usata per il raggruppamento e TElement è il tipo degli elementi della collezione.

Esempio:

```
List<Persona> lista = new List<Persona>();
lista.Add(new Persona() { Nome="alfa", Età=10, Provincia="TV" });
lista.Add(new Persona() { Nome="beta", Età=20, Provincia="TV" });
lista.Add(new Persona() { Nome="gamma", Età=9, Provincia="PD" });
lista.Add(new Persona() { Nome="delta", Età=6, Provincia="TV" });
lista.Add(new Persona() { Nome="omega", Età=5, Provincia="PD" });
```

```
// raggruppo le persone in base alla Provincia
// var è IEnumerable<IGrouping<string,Persona>>
var gruppi = lista.GroupBy(x => x.Provincia);


// la chiave del primo gruppo incontrato è
string provincia = gruppi.First().Key;     // "TV"
// gruppi.First() equivale a gruppi.ToList()[0]
// la numerosità del primo gruppo è
int numero = gruppi.First().Count();       //  3
// gruppi.First() è di tipo IGrouping<string, Persona>


// scansione dei gruppi e stampa
foreach (var gruppo in gruppi)
{
  // visualizza la chiave del gruppo
  Console.WriteLine(gruppo.Key + "" + gruppo.Count());
  // visualizza i membri del gruppo
  foreach (Persona p in gruppo)
  { Console.WriteLine(p.Nome + ""+  p.Età + "" + p.Provincia); }
```

Si ottiene:

TV 3
alfa 10 TV
beta 20 TV
delta 6 TV
PD 2
gamma 9 PD
omega 5 PD

VERIFICA LE TUE COMPETENZE 3

Vengono fornite delle istruzioni supplementari:

```
// creazione di un elenco di 100 valori interi a partire da 1
IEnumerable<int> elenco =  Enumerable.Range(1, 100);
// array riempito con i valori a partire da 1 fino a 100
int[] arr = Enumerable.Range(1, 100).ToArray();
```

```
// conta tutti gli elementi dell'elenco
int conteggio = elenco.Count();
// conta gli elementi che soddisfano una condizione
int conteggioPari = elenco.Count(x => x % 2 == 0);
// somma i valori della proprietà specificata
// dove stringList è una lista di stringhe
int somma Lunghezze = stringList.Sum(x => x.Length);
int sommaLunghezze = stringList.Select(x => x.Length).Sum();
double media = elenco.Average()  // calcola la media aritmetica
```

Sapendo che

- la classe Persona ha le proprietà Nome, Età
- la classe Studente deriva da Persona con in aggiunta i campi Classe e ArrayDiVoti
- la classe Professore deriva da Persona con in aggiunta i campi Materia e Stipendio

Scrivere le istruzioni LINQ per ottenere

1. L'età media degli studenti
2. Lo studente che si chiama "rossi luigi" (se esiste si suppone che sia unico)
3. L'elenco dei nomi dei professori di informatica in ordine alfabetico
4. Il conteggio dei professori che insegnano Informatica
5. Lo stipendio del prof. Bandiera (si suppone unico)
6. La somma dei cubi dei primi 20 numeri interi
7. La media complessiva dei voti di tutti gli studenti della classe "4BI"

Soluzione:

```
using System;
using System.Collections.Generic;
using System.Linq;

public class Persona
{
  public string Nome {get; set;}
  public int Età {get; set;}
```

```
  public override string ToString()
  { return "Nome " + Nome + " - Età " + Età; }
}


public class Studente: Persona
{
  public string Classe {get; set;}
  public List<int> Voti {get; private set;}

  public Studente()
  { Voti = new List<int>(); }

  public void Interroga(int unVoto)
  { Voti.Add(unVoto); }

  public override string ToString()
  {
    // aggiunge al ToString() ereditato da Persona
    // le informazioni sulla classe di appartenenza
    return base.ToString() + " - Studente della Classe " +
           Classe;
  }
}


public class Professore: Persona
{
    public string Materia {get; set;}
    public int Stipendio [get; set;}

  public void AumentaStipendio(int aumento)
  { Stipendio = Stipendio + aumento; }

  public override string ToString()
  {
    return base.ToString() + " - Professore di " + Materia;
  }
}


public class Program
{
public static void Main()
{
  List<Persona> elenco = new List<Persona>();
  elenco.Add(new Studente(){Nome="rossi luigi", Età=16,
         Classe="4BI", Voti = new List<int>() {6, 6, 5, 7}});
  elenco.Add(new Studente(){Nome="bianchi elena", Età=14,
```

```
                Classe="3BI", Voti = new List<int>() {6, 8}});
  elenco.Add(new Studente(){Nome="verdi mara", Età=16,
         Classe="4BI", Voti = new List<int>() {3, 5, 7}});
  elenco.Add(new Professore(){Nome="bandiera", Età=36,
         Materia="informatica", Stipendio=1000});
  elenco.Add(new Professore(){Nome="barbaro", Età=29,
         Materia="informatica", Stipendio=800});
  elenco.Add(new Professore(){Nome="stecca", Età=26,
         Materia="sistemi", Stipendio=900});

//1 - età media degli studenti
double etàmedia = elenco.OfType<Studente>().Average(x=>x.Età);
Console.WriteLine(etàmedia);

// 2 - lo studente di nome rossi luigi
string nomeCercato = "rossi luigi";
Studente s = elenco.OfType<Studente>()
               .SingleOrDefault(x => x.Nome == nomeCercato);
if (s != null)
{ Console.WriteLine(s); } // usa il ToString()
else
{ Console.WriteLine(nomeCercato + " non c'è"); }

nomeCercato = "marrone emma";
s = elenco.OfType<Studente>()
   .SingleOrDefault(x => x.Nome == nomeCercato);
if (s != null)
{ Console.WriteLine(s); }
else
{ Console.WriteLine(nomeCercato + " non c'è"); }

// 3 - elenco dei nomi dei professori di informatica
List<string> lista = elenco.OfType<Professore>()
                       .Where(x=>x.Materia=="informatica")
                       .OrderBy(x=>x.Nome)
                       .Select(x=>x.Nome).ToList();
lista.ForEach(x => Console.WriteLine(x));

// 4 - conteggio dei prof di informatica
int n = elenco.OfType<Professore>()
        .Where(x => x.Materia == "informatica").Count();
Console.WriteLine(n);

// 5 -  lo stipendio del prof bandiera
Professore p = elenco.OfType<Professore>()
               .SingleOrDefault(x => x.Nome == "bandiera");
if (p != null)
{ Console.WriteLine(p.Stipendio); }
else
```

```
{ Console.WriteLine("prof non trovato"); }

// 6 -  somma dei cubi dei numeri da 1 a 20
IEnumerable<int> numeri = Enumerable.Range(1, 20);
int somma = numeri.Sum(x => x*x*x);
Console.WriteLine(somma);

// 7 - media dei voti degli studenti
// viene calcolata la media di tutti i voti presi da tutti
// gli studenti
double media = elenco.OfType<Studente>()
              .SelectMany(x => x.Voti).Average();
Console.WriteLine(media);

// in quest'altro modo si ottiene invece la media delle medie
double m = elenco.OfType<Studente>()
          .Select(x => x.Voti.Average()).Average();
Console.WriteLine(m);
}
```

Si ottiene il seguente output:

```
15.3333333333333
Nome rossi luigi - Età 16 - Studente della Classe 4BI
marrone emma non c'è
bandiera
barbaro
2
1000
44100
5.88888888888889
6
```

VERIFICA LE TUE COMPETENZE 4

Sapendo che la classe Persona ha i campi Nome, Età e una Lista di stringhe contenenti i suoi indirizzi Email

- la classe Studente deriva da Persona con in aggiunta i campi Classe e VotoFinale
- la classe Professore deriva da Persona con in aggiunta i campi Materia e Stipendio

Scrivere le istruzioni LINQ per ottenere

1. L'elenco degli indirizzi di mail di Rossi Mario
2. Un oggetto con il primo studente in ordine alfabetico della classe "4BI"
3. Un oggetto con il professor Salce Mauro (null se non c'è)
4. Il conteggio delle mail degli studenti che sono di gmail.com (si può usare il metodo Contains() delle stringhe)
5. Il voto finale medio degli studenti della classe "4BI"
6. Lo stipendio medio dei professori di Informatica
7. La somma dei quadrati dei primi 100 numeri interi
8. La somma degli stipendi dei professori
9. L'elenco dei nomi degli studenti della classe "4BI" in ordine alfabetico
10. L'elenco dei professori di informatica in ordine di età

Soluzione:

1. L'elenco delle mail di Rossi Mario

```
Persona p = elenco.SingleOrDefault(x => x.Nome == "Rossi Mario");
List<string> email;
if (p!=null) { email = p.Email); }
else { email = new List<string>(); }
```

2. Un oggetto con il primo studente in ordine alfabetico della classe "4BI"

```
Studente primo = elenco.OfType<Studente>()
                .Where(x => x.Classe == "4BI")
                .OrderBy(x => x.Nome).First();
```

3. Un oggetto con il professor Salce Mauro (null se non c'è)

```
Professore p = elenco.OfType<Professore>()
            .SingleOrDefault(x => x.Nome=="Salce Mauro");
```

4. Il conteggio delle mail degli studenti che sono di gmail.com (si può usare il metodo Contains() delle stringhe)

```
int n = elenco.OfType<Studente>()
```

```
        .SelectMany(x => x.ListaEmail)
        .Where(x => x.Contains("gmail.com").Count();
```

5. Il voto finale medio degli studenti della classe "4BI"

```
double media = elenco.OfType<Studente>()
            .Where(x => x.Classe == "4BI")
            .Average(x => x.VotoFinale);
```

6. Lo stipendio medio dei professori di Informatica

```
double m = elenco.OfType<Professore>()
        .Where(x => x.Materia == "Informatica")
        .Average(x => x.Stipendio);
```

7. La somma dei quadrati dei primi 100 numeri interi

```
int somma = Enumerable.Range(1, 100).Select(x => x*x).Sum();
```

8. La somma degli stipendi dei professori

```
int somma = elenco.OfType<Professore>().Sum( x=> x.Stipendio);
```

9. L'elenco dei nomi degli studenti della classe "4BI" in
   ordine alfabetico

```
List<string> e = elenco.OfType<Studente>()
            .Where(x => x.Classe == "4BI")
            .OrderBy(x => x.Nome)
            .Select(x => x.Nome).ToList();
```

10. L'elenco dei professori di informatica in ordine di
    età

```
List<Professore> proff = elenco.OfType<Professore>()
            .Where(x => x.Materia == "Informatica")
            .OrderBy(x => x.Età).ToList();
```

Metodi di estensione

I "metodi di estensione" consentono di aggiungere metodi ai tipi esistenti senza creare un nuovo tipo derivato, senza ricompilare o modificare in altro modo il tipo originale.

I metodi di estensione sono metodi statici, ma vengono chiamati come se fossero metodi di istanza sul tipo che viene esteso.

Il primo parametro dei metodi di estensione deve essere preceduto dalla parola chiave "this" e specifica il tipo su cui opera il metodo.

Può essere comodo raccogliere i metodi di estensione in una apposita classe statica.

Ad esempio la classe EstensioneStringhe contiene alcuni metodi di estensione per le stringhe:

```
public static class EstensioneStringhe
{
  public static void FaiMaiuscola(this string s)
  { s.ToUpper(); }

  public static int ContaParole(this string s)
  {
    string[] arr;
    arr = s.Split(' ', StringSplitOptions.RemoveEmptyEntries);
    return arr.Length;
  }
}
```

Utilizzo:

```
string s = "ciao";
s.FaiMaiuscola();
Console.WriteLine(s);  // scrive  CIAO

string frase = "ciao, come va?";
int n = frase.ContaParole();  // si ottiene  3
```

Per il C# non esiste nessuna evidente differenza tra la chiamata di un metodo di estensione e la chiamata di un metodo predefinito di un tipo.

I metodi di estensione non possono accedere agli attributi privati del tipo che stanno estendendo: questo per non violare il principio di incapsulamento.

I metodi di estensione non possono effettuare l'override di un metodo con lo stesso nome già presente nella definizione del tipo che si vuole estendere.

I metodi di estensione di LINQ

E' interessante notare che la libreria LINQ utilizza la tecnica dei "metodi di estensione" per aggiungere una serie di funzionalità al tipo System.Collections.IEnumerable<T>.
In questo modo, LINQ estende tutti i tipi che implementano questa interfaccia, come List<T> e Array, con metodi come OrderBy(), Average() e altri.

```
// using System.Linq;
int[] arr = new int[]{10, 45, 15, 19};
int[] arrOrdinato = arr.OrderBy(x => x).ToArray();
```

ESERCIZIO SVOLTO 27.2

Scrivere un metodo di estensione per effetture il raddoppio dei numeri interi.

Soluzione:

```
// classe contenitore dei metodi di Estensione per numeri interi

public static class Metodi
{
  public static int Raddoppia(this int n)
  { return n * 2; }
}
```

utilizzo:

```
int n = 10;
Console.WriteLine(n.Raddoppia());  // scrive 20
```

28.Archiviazione dati con SQLite

SQLite (https://www.sqlite.org) è una libreria open source che consente di creare e gestire un **database di tipo relazionale** incorporato nella propria applicazione.

Un database di tipo relazionale è costituito da un insieme di tabelle di dati correlate tra di loro.

Il database è memorizzato mediante un singolo file che viene agevolmente inserito all'interno delle cartelle dell'applicazione e trasportato assieme alla stessa.

Con SQLite si crea tipicamente un database pensato per un uso personale, tuttavia SQLite è anche in grado di gestire l'accesso concorrente di più utenti.

Le prestazioni, in termini di numero di accessi simultanei al database, sono inferiori a quelle di un database gestito da un server, come MySQL, SQLServer, Oracle; tuttavia SQLite può venire impiegato, oltre che per una archiviazione di dati per uso personale, anche per realizzare una piccola applicazione multiutente.

Per una discussione sull'utilizzo di SQLite rispetto ad una soluzione client-server tradizionale si veda "Usi appropriati di SQLite" (https://code-examples.net/it/docs/sqlite/whentouse).

Per la creazione di un database e l'inserimento preliminare di alcuni dati si può utilizzare il software open source **SQLiteStudio,** scaricabile da https://sqlitestudio.pl/

Innanzitutto con il programma SQLiteStudio si crea un database di nome scuola che verrà memorizzato nel file scuola.db.

Si crea la tabella Classi, con i campi ID (è la chiave primaria, ovvero il campo che identifica le singole classi) e Specializzazione e la tabella Studenti, con i campi ID (chiave primaria auto

incrementante), Nome e ClasseID (chiave esterna "foreign key"
per fare riferimento alla classe di appartenenza dello studente).

Le tabelle del database scuola sono collegate
da una associazione 1 a N

Dopo aver creato il database, si aggiunge una tabella alla volta,
specificandone la struttura e i vincoli:

Definizione della struttura della tabella Classi

I tipi usati dai database differiscono da quelli dei linguaggi di
programmazione: quelli più usati sono INT per i numeri interi,
CHAR(n) per stringhe di lunghezza fissa di n caratteri
(automaticamente riempiti da spazi), VARCHAR(n) per stringhe
di lunghezza variabile massima di n caratteri, DATE e DATETIME
per le date.

149

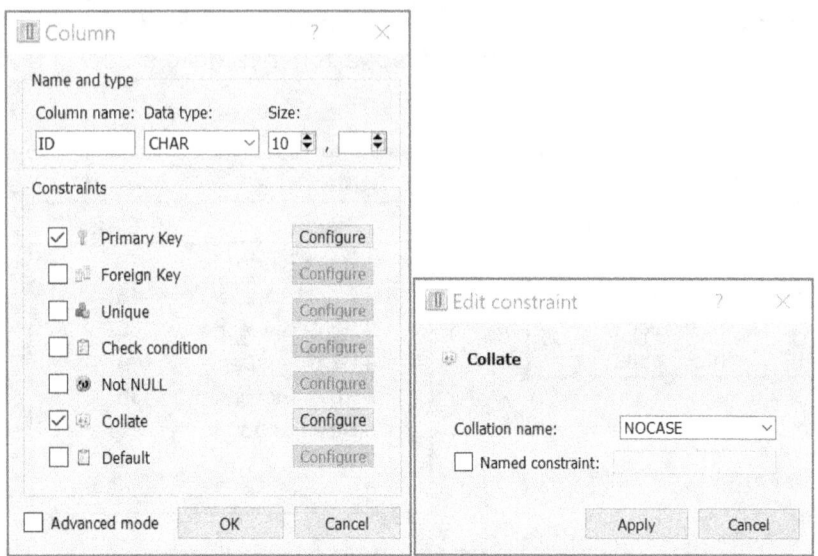

Impostazione dei vincoli di chiave primaria e di confronto dei valori
(Collate) non "case sensitive" per il campo ID della tabella Classi

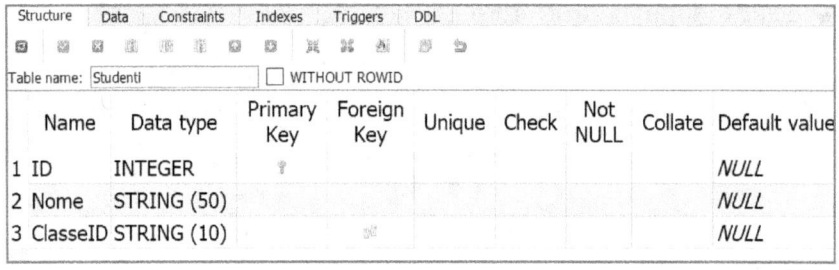

Definizione della struttura della tabella Studenti

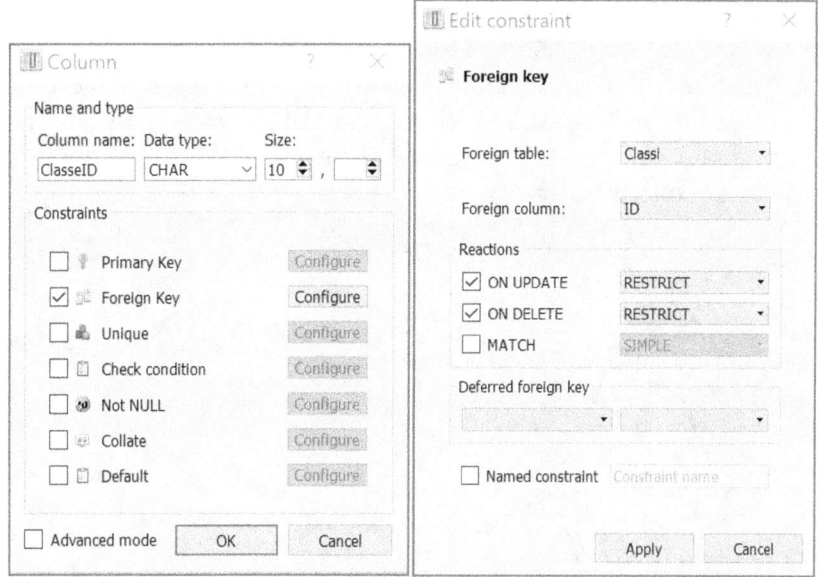

Impostazione dei vincoli di chiave esterna per il campo ClasseID
della tabella Studenti

Dopo aver creato e salvato la struttura delle tabelle si può
effettuare il caricamento di alcuni dati di prova:

Caricamento di dati nella tabella Classi

Si tenga presente che l'ordine di inserimento e di
memorizzazione dei dati nel database è assolutamente
irrilevante. I motori di database, pertanto, aggiungono i nuovi
dati sempre in fondo alla tabella.

Per poter accedere al database scuola.db da una applicazione scritta in C# con Visual Studio, si deve creare una nuova applicazione (di tipo Windows Form) e si deve aggiungere la libreria System.Data.SQLite (è un file DLL), che è facilmente recuperabile dal menu Strumenti – Gestione di pacchetti NuGet - Gestisci pacchetti NuGet per la soluzione:

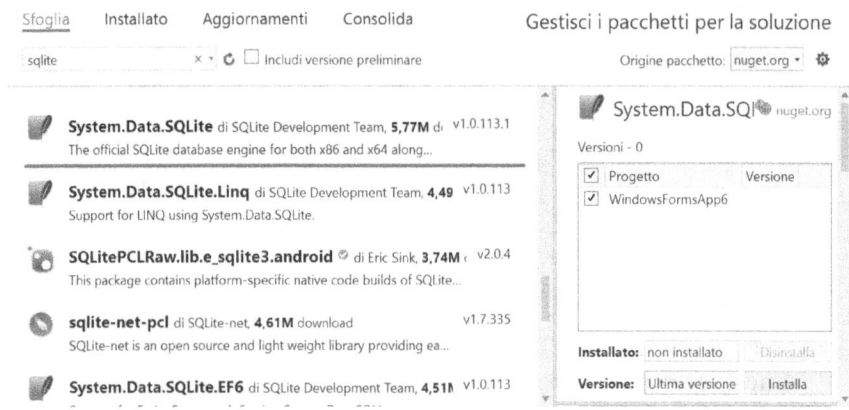

Ricerca del pacchetto System.Data.SQLite

Si preme Installa e così la libreria in questione viene aggiunta all'applicazione e può venire utilizzata scrivendo la direttiva

```
using System.Data.SQLite;
```

Questa libreria contiene il motore del database ("database engine") e le classi SQLiteConnection, SQLiteCommand, SQLiteDataReader e altre, utili per poter interfacciarsi con il database stesso.

Per programmare l'accesso a un database occorre scrivere il codice delle seguenti classi:

- le classi che rappresentano i dati estratti dal database: tipicamente si crea una classe per ogni tabella;
- le classi per accedere ai dati del database e caricarli in memoria RAM negli oggetti appositamente predisposti;

esse contengono i metodi CRUD (Create, Retrieve, Update, Delete).

Per il database scuola, si scrivono le classi che rappresentano i dati delle tabelle Classi e Studenti:

```
public class Classe
{
  public string ID {get; set;}
  public string Specializzazione {get; set;}
}

public class Studente
{
  public int ID {get; set;}
  public string Nome {get; set;}
  public string ClasseID {get; set;}
}
```

In questo modo si crea una corrispondenza tra i campi di una tabella con gli attributi della classe che la rappresenta.

Si scelgono i tipi del C# che più si adattano a quelli usati nel database.

Per accedere ai dati del database si scrive la classe GestioneDati che effettua la connessione al database e contiene i metodi CRUD per recuperare i dati nei diversi modi richiesti dalla applicazione, per inserire nuovi dati nel database, per effettuare gli aggiornamenti e la cancellazione dei dati.

Innanzitutto si deve effettuare la connessione al database; a tal fine si usa la classe SQLiteConnection, che utilizza una stringa con i parametri per la connessione:

```
// stringa di connessione al database
string s = "Data Source=E:/scuola.db;Foreign Keys=on";
SQLiteConnection conn = new SQLiteConnection(s);
// potrebbe dare errore runtime se il file non esiste
conn.Open();
```

La stringa di connessione specifica come Data Source il nome del database completo di percorso ed inoltre imposta l'opzione che richiede di applicare i vincoli di integrità referenziale alle chiavi esterne: in pratica non si può inserire uno studente di una classe inesistente, inoltre non si può eliminare una classe se esistono degli studenti che appartengono ad essa.

Se nella stringa di connessione si omette il percorso del file del database scrivendo "Data Source=scuola.db;Foreign Keys=on", il file scuola.db viene cercato nella stessa cartella dell'applicazione (che in fase di sviluppo è la sottocartella bin\debug del progetto).

ATTENZIONE che SQLite richiede di **abilitare esplicitamente i controlli di integrità sulle chiavi esterne** perché essi sono disabilitati di default, per questioni di compatibilità con le versioni di SQLite antecedenti al 2009.

Le operazioni di ricerca e aggiornamento del database avvengono inviando al motore del database delle stringhe di testo contenenti dei comandi espressi in linguaggio SQL.

SQL (Standard Query Language) è un linguaggio standard che viene usato da tutti i database di tipo relazionale. Si tratta di un linguaggio di tipo dichiarativo che risulta estremamente immediato da comprendere e utilizzare.

Per effettuare una ricerca si usa la classe SQLiteCommand che consente di impostare una "query" in linguaggio SQL. L'esecuzione della stessa ad opera del motore del database produce una tabella di dati dotata di un cursore per poterla leggere; il tutto viene fornito mediante un oggetto della classe SQLiteDataReader.
Esempio: recuperare la lista dei nomi degli studenti in ordine di nome con la query

```
SELECT Nome
FROM Studenti
ORDER BY Nome
```

```
// l'oggetto SQLiteCommand utilizza la connessione già aperta
SQLiteCommand cmd = new SQLiteCommand(conn);
// impostazione della query (il linguaggio non è case sensitive)
cmd.CommandText = "SELECT Nome " +
"FROM Studenti " +
"ORDER BY Nome";
// esecuzione della query e ottenimento dei dati
// questa istruzione potrebbe generare errori di esecuzione
SQLiteDataReader reader = cmd.ExecuteReader();
// lettura dei dati recuperati:
// all'inizio il cursore si trova posizionato
// prima del primo record
// il metodo Read() fa avanzare la posizione sul reader
// e ritorna true se c'è una riga di dati
while (reader.Read())
{
  // la riga corrente viene letta come un array associativo
  // dove la chiave è data dal nome del campo
  // occorre effettuare la conversione nel tipo string
  string nome = reader["Nome"].ToString();
  Console.WriteLine(nome);
}
// in una connessione può esserci solo un data reader aperto
// pertanto è opportuno chiudere quello in uso
reader.Close();
```

Si ottiene:

Berti Giovanni
Bianchi Maria
Neri Filippo
Rossi Giordano
Rossi Mario
Scapin Gigi
Verdi Giuseppe
Volpe Gianni

Query parametriche

Molto spesso le query dipendono da uno o più valori forniti in input: si tratta quindi di "query parametriche" come la seguente, che recupera tutti i campi (SELECT *) degli studenti con ID uguale al valore del parametro @id. Poiché il campo ID è chiave primaria della tabella, è garantita l'unicità dello studente con l'ID specificato (che potrebbe anche non esistere)

```
SELECT *
FROM Studenti
WHERE ID = @id
```

Le istruzioni sono le seguenti

```
int id = 1;  // valore dell'id cercato
// variabile per il risultato
Studente s = null;
// l'oggetto SQLiteCommand utilizza la connessione già aperta
SQLiteCommand cmd = new SQLiteCommand(conn);
cmd.CommandText = "SELECT * " +
"FROM Studenti " +
"WHERE ID = @id ";
// assegnazione del valore al parametro
cmd.Parameters.Add(new SQLiteParameter("@id", id));
// esecuzione della query
SQLiteDataReader reader = cmd.ExecuteReader();
// tutt'al più c'è uno studente
if (reader.Read())
{
  // creazione dell'oggetto in memoria
  s = new Studente() {
      ID = Convert.ToInt32(reader["ID"]),
      Nome = reader["Nome"].ToString(),
      ClasseID = reader["ClasseID"].ToString() };
}
reader.Close();
```

Alla fine si ottiene la variabile s con l'oggetto di tipo Studente desiderato. Se lo studente non esiste allora la variabile s avrà valore null.

Assegnazione del valore a un parametro

Le seguenti due istruzioni sono equivalenti:

```
cmd.Parameters.Add(new SQLiteParameter("@id", id));
cmd.Parameters.AddWithValue("@id", id);
```

Un altro esempio è la query che consente di recuperare tutti gli studenti di una determinata classe:

```
SELECT *
FROM Studenti
WHERE ClasseID = @classeid
```

Per facilitare l'utente nella ricerca dei dati è previsto anche l'uso dell'operatore LIKE che consente di recuperare tutti i valori che iniziano con un certo testo. Ad esempio, la seguente query recupera tutti gli studenti di tutte le classi quarte, ovvero la cui classe inizia con 4 seguito da qualsiasi cosa (% è un carattere jolly):

```
SELECT *
FROM Studenti
WHERE ClasseID LIKE "4%"
```

La corrispondente versione parametrica è la seguente:

```
SELECT *
FROM Studenti
WHERE ClasseID LIKE @classeid
```

dove al parametro @classeid viene assegnato come valore la concatenazione del valore inserito dall'utente, esempio "4", con la stringa contenente il carattere jolly da accodare "%".

Operazioni di aggiornamento

Le operazioni di aggiornamento consistono in inserimento (INSERT), modifica di valore (UPDATE) e cancellazione (DELETE) di righe in una tabella.

Per inserire un nuovo studente la query è

```
INSERT INTO Studenti(Nome, ClasseID)
VALUES(@nome, @classeid)
```

Notare che il campo ID essendo auto incrementante non può essere assegnato manualmente dall'utente ma viene assegnato automaticamente dal motore del database.

Per modificare i valori di uno studente si scrive la seguente query:

```
UPDATE Studenti
SET Nome = @nome, ClasseID = @classeid
WHERE ID = @id
```

che prevede la riscrittura di tutti i valori dello studente che ha l'ID specificato.

Per cancellare lo studente con l'ID specificato si scrive la query:

```
DELETE FROM Studenti
WHERE ID = @id
```

Si deve prestare attenzione al fatto che le modifiche e le cancellazioni effettuate sui dati del database sono irreversibili: se l'utente si pente non può recuperare i valori precedenti.

Pertanto è bene che il programma chieda sempre all'utente una conferma prima di effettuare una cancellazione di dati.

Esempio: istruzioni per effettuare l'inserimento di uno studente

```
// dati del nuovo studente
string nome = "Zanin Giorgio";
string classeid = "1A";
// variabile per un eventuale messaggio di errore
string errore = "";
// intercettazione di eventuali errori runtime
// per evitare l'interruzione del programma
try
{
    // l'oggetto SQLiteCommand utilizza la connessione già aperta
    SQLiteCommand cmd = new SQLiteCommand(conn);
    cmd.CommandText = "INSERT INTO Studenti(Nome, ClasseID) " +
"VALUES(@nome, @classeid) ";
    cmd.Parameters.Add(new SQLiteParameter("@nome", nome));
    cmd.Parameters.Add(new SQLiteParameter("@classeid", classeid));
    // esecuzione della query
```

```
    // ci potrebbero essere errori runtime dovuti alla
    // violazione di vincoli sui dati posti dal database
    // in questo caso la classe deve esistere!
    cmd.ExecuteNonQuery();
}
catch(SQLiteException e)   // in caso di errore runtime
{ errore = e.Message; }
// comunico all'utente l'esito dell'operazione
if (errore == "")
{ Console.WriteLine("L'inserimento è andato a buon fine!"); }
else
{ Console.WriteLine(errore); }
```

Recuperare il valore dell'ID auto incrementante

Quando la chiave primaria è auto incrementante, per conoscere il valore dell'ID assegnato all'ultimo record inserito nell'ambito della connessione attiva, si usa l'apposita proprietà dell'oggetto SQLiteConnection:

```
long n = conn.LastInsertRowId;   // restituisce un intero lungo
```

Le istruzioni dei metodi di modifica e cancellazione sono esattamente le stesse, cambia soltanto il testo della query che, anziché effettuare un INSERT, effettuerà un UPDATE oppure un DELETE.

Esempio di applicazione con Windows Form

Per riepilogare il tutto, viene riportato il codice completo di una applicazione Windows Form.

Le classi che rappresentano i dati del database:

```
public class Classe
{
  public string ID {get; set;}
  public string Specializzazione {get; set;}
}
```

```
public class Studente
{
  public int ID {get; set;}
  public string Nome {get; set;}
  public string ClasseID {get; set;}
}
```

La classe GestioneDati che effettua l'accesso al database e contiene i metodi CRUD:

```
using System.Data.SQLite;
using System.Data;
using System.Collections.Generic;

public class GestioneDati
{
  private SQLiteConnection conn;

  public GestioneDati()
  {
    // connessione al database
    conn = new SQLiteConnection("Data Source = E:/scuola.db;
                                 Foreign Keys = on");
    conn.Open();
  }

  // metodi CRUD

  public List<string> RecuperaNomiStudenti()
  {
    List<string> lista = new List<string>();
    SQLiteCommand cmd = new SQLiteCommand(conn);
    cmd.CommandText = "SELECT Nome " +
"FROM Studenti " +
"ORDER BY Nome";
    SQLiteDataReader reader = cmd.ExecuteReader();
    // il metodo Read() fa avanzare la posizione sul reader
    // e ritorna true se c'è una riga di dati
    {
      while (reader.Read())
      string nome = reader["Nome"].ToString();
      lista.Add(nome);
    }
    reader.Close();
    // questa lista può essere assegnata alla proprietà
    // Items di una listbox
    return lista;
  }
```

```
  public List<Studente> RecuperaTuttiGliStudenti()
  {
    List<Studente> lista = new List<Studente>();
    SQLiteCommand cmd = new SQLiteCommand(conn);
    cmd.CommandText = "SELECT ID, Nome, ClasseID " +
"FROM Studenti " +
"ORDER BY Nome";
    SQLiteDataReader reader = cmd.ExecuteReader();
    while (reader.Read())
    {
        Studente s = new Studente() {
                    ID = Convert.ToInt32(reader["ID"]),
                    Nome = reader["Nome"].ToString(),
                    ClasseID = reader["ClasseID"].ToString()
                };
        lista.Add(s);
    }
    reader.Close();
    return lista;
  }

  // restituisce null se lo studente non esiste
  public Studente RicercaStudentePerID(int id)
  {
    Studente s = null;
    SQLiteCommand cmd = new SQLiteCommand(conn);
    cmd.CommandText = "SELECT * " +
"FROM Studenti " +
"WHERE ID = @id ";
    cmd.Parameters.Add(new SQLiteParameter("@id", id));
    SQLiteDataReader reader = cmd.ExecuteReader();
    // c'è al più un solo studente
    if (reader.Read())
    {
      s = new Studente() {
              ID = Convert.ToInt32(reader["ID"]),
              Nome = reader["Nome"].ToString(),
              ClasseID = reader["ClasseID"].ToString() };
    }
    reader.Close();
    return s;
  }

  public List<Studente> RecuperaStudentiPerClasse(
                                    string classeid)
  {
    List<Studente> lista = new List<Studente>();
    SQLiteCommand cmd = new SQLiteCommand(conn);
    cmd.CommandText = "SELECT * " +
```

```
"FROM Studenti " +
"WHERE ClasseID = @classeid " +
"ORDER BY ID";
    cmd.Parameters.Add(new SQLiteParameter("@classeid",
                                        classeid));
    SQLiteDataReader reader = cmd.ExecuteReader();
    while (reader.Read())
    {
        Studente s = new Studente() {
                    ID = Convert.ToInt32(reader["ID"]),
                    Nome = reader["Nome"].ToString(),
                    ClasseID = reader["ClasseID"].ToString()
                };
        lista.Add(s);
    }
    reader.Close();
    return lista;
}

  public List<Classe> RecuperaClassi()
  {
    List<Classe> lista = new List<Classe>();
    SQLiteCommand cmd = new SQLiteCommand(conn);
    cmd.CommandText = "SELECT ID, Specializzazione " +
"FROM Classi " +
"ORDER BY ID";
    SQLiteDataReader reader = cmd.ExecuteReader();
    while (reader.Read())
    {
      string id = reader["ID"].ToString();
      string specializzazione =
            reader["Specializzazione"].ToString();
      lista.Add(new Classe() {ID=id, Specializzazione=
                                    specializzazione});
    }
    reader.Close();
    return lista;
  }

  // restituisce l'eventuale messaggio di errore
  public string InserisciStudente(string nome, string classeid)
  {
    string errore = "";
    // intercettazione dell'eventuale errore runtime
    try
    {
      SQLiteCommand cmd = new SQLiteCommand(conn);
      cmd.CommandText = "INSERT INTO Studenti(Nome, ClasseID)"+
" VALUES(@nome, @classeid) ";
```

```
    // l'id è autoincrementante e quindi gestito
    // automaticamente dal database
    cmd.Parameters.Add(new SQLiteParameter("@nome", nome));
    cmd.Parameters.Add(new SQLiteParameter("@classeid",
                                            classeid));
    cmd.ExecuteNonQuery();
  }
  catch (SQLiteException e)  // in caso di errore
  { errore = e.Message; }
  return errore;
  }
}
```

La classe Form ha come attributo un oggetto di tipo GestioneDati e ne utilizza i metodi per l'accesso al database.

Il suo costruttore inizializza l'oggetto che effettua la gestione dei dati del database, oltre che contenere l'usuale inizializzazione dei componenti grafici del Form:

```
public partial class Form1: Form
{
  private GestioneDati gestione;

  public Form1()
  {
    // creo l'oggetto per accedere al database
    gestione = new GestioneDati();
    InitializeComponent();
  }
...
```

Classe	4BI	Recupera Per Classe	

	ID	Nome	ClasseID	
▶	1	Rossi Mario	4BI	
	2	Bianchi Maria	4BI	
	4	Berti Giovanni	4BI	

Gli studenti della 4BI in un datagridview

Di seguito vengono riportati i metodi di gestione degli eventi contenuti nella classe Form.

Recupero dei dati degli studenti di una determinata classe:

```
// pulsante Recupera Per Classe
private void button2_Click(object sender, EventArgs e)
{
  string classe = textBox1.Text;
  dataGridView1.DataSource =
      gestione.RecuperaStudentiPerClasse(classe);
}
```

Recupero e visualizzazione dei nomi degli studenti:

```
// gestione del click sul pulsante
// Recupera Nomi
private void button1_Click(object
sender, EventArgs e)
{
  List<string> listaNomi =
    gestione.RecuperaNomiStudenti();
  listBox1.DataSource = listaNomi;
}
```

L'elenco dei nomi degli studenti visualizzato in una listbox

Inserimento di un nuovo studente:

```
// pulsante Inserisci Studente
private void button3_Click(object sender, EventArgs e)
{
  string nome = textBox3.Text;
  string classe = textBox4.Text;
  string errore = gestione.InserisciStudente(nome, classe);
  if (errore == "")
  { label3.Text = "SUCCESSO"; }
  else
  { label3.Text = "ERRORE " + errore; }
}
```

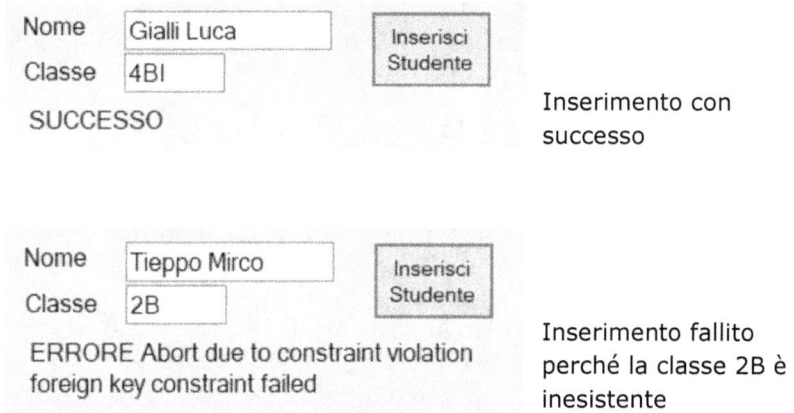

Inserimento con successo

Inserimento fallito perché la classe 2B è inesistente

Nota: per rendere più amichevole il dialogo con l'utente sarebbe meglio sostituire il textbox usato per l'inserimento della classe con un combo box da cui l'utente si limita a scegliere una delle classi esistenti nel database.

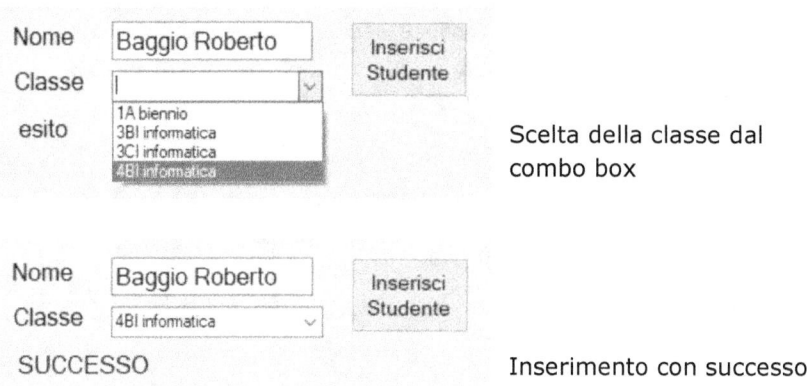

Scelta della classe dal combo box

Inserimento con successo

Al caricamento del Form viene anche riempito il combo box con l'elenco delle classi:

```
private void Form1_Load(object sender, EventArgs e)
{
    comboBox1.DataSource = g.RecuperaClassi();
}
```

Il combobox visualizza una stringa per ogni oggetto di tipo Classe contenuto nella lista recuperata dal database.

Per fare in modo che la suddetta stringa contenga l'ID e la Specializzazione della classe, si deve ridefinire il metodo ToString() nella classe Classe:

```
// con la ridefinizione di ToString()
public class Classe
{
  public string ID { get; set; }
  public string Specializzazione { get; set; }

  public override string ToString()
  {
    return ID + "" + Specializzazione;
  }
}
```

Infine il metodo associato al pulsante Inserisci Studente viene modificato per estrarre dalla classe selezionata nel combobox il campo ID:

```
// pulsante Inserisci Studente
private void button3_Click(object sender, EventArgs e)
{
  string nome = textBox3.Text;
  // l'oggetto selezionato nel combobox
  Classe c = (Classe)comboBox1.SelectedItem;
  string classe = c.ID;
  string errore = g.InserisciStudente(nome, classe);
  if (errore == "")
  { label3.Text = "SUCCESSO"; }
  else
  { label3.Text = "ERRORE " + errore; }
}
```

Il Data Adapter

Per facilitare il lavoro del programmatore nell'effettuare la presentazione all'utente e la gestione di dati tabellari mediante un controllo grafico come il DataGridView è prevista la classe SQLiteDataAdapter, da usare in combinazione con la classe DataTable (che si trova in System.Data).

Un SQLiteDataAdapter consente di mettere il risultato di una query in un oggetto contenitore di tipo DataTable e, grazie al metodo Update(), consente anche di effettuare gli aggiornamenti dei dati nel database.

La classe DataTable mantiene in memoria una copia dei dati estratti dal database e, per consentire gli aggiornamenti al database, mantiene informazioni sullo stato delle righe (RowState) in modo da tenere traccia delle modifiche effettuate dall'utente (gli stati sono Unchanged, Added, Modified, Deleted) e mantiene anche il valore originario dei dati che sono stati modificati.

Esempio: istruzioni per recuperare tutti gli studenti e fornirli a un DataGridView mediante un oggetto di tipo DataTable

```
// l'oggetto SQLiteCommand utilizza la connessione già aperta
SQLiteCommand cmd = new SQLiteCommand(conn);
cmd.CommandText = "SELECT * " +
"FROM Studenti " +
"ORDER BY ID";
// l'adapter riceve un SQLiteCommand
SQLiteDataAdapter adapter = new SQLiteDataAdapter(cmd);
// creazione di un datatable
DataTable t = new DataTable();
// l'adapter riempie il datatable con i dati ottenuti dalla query
adapter.Fill(t);
// associazione (binding) del datatable al datagrid
// per la visualizzazione dei dati
dataGridView1.DataSource = t;
```

Si ripropone il codice della classe GestioneDati con alcuni metodi facenti uso di DataTable e SQLiteDataAdapter:

```
using System.Data.SQLite;
using System.Data;

public class GestioneDati
{
  private SQLiteConnection conn;

  public GestioneDati()
  {
    // connessione al database
```

```
        conn = new SQLiteConnection("Data Source = E:/scuola.db;
                                    Foreign Keys = on");
        conn.Open();
    }


    // metodi che usano un DataTable e un DataAdapter

    public DataTable RecuperaTuttiGliStudenticonDataTable()
    {
        DataTable t = new DataTable();
        SQLiteCommand cmd = new SQLiteCommand(conn);
        cmd.CommandText = "SELECT * " +
"FROM Studenti " +
"ORDER BY ID";
        SQLiteDataAdapter adapter = new SQLiteDataAdapter(cmd);
        adapter.Fill(t);
        return t;
    }

    public DataTable RecuperaStudentiPerClasseconDataTable(
                                    string classeid)
    {
        DataTable t = new DataTable();
        SQLiteCommand cmd = new SQLiteCommand(conn);
        cmd.CommandText = "SELECT * " +
"FROM Studenti " +
"WHERE ClasseID = @classeid " +
"ORDER BY ID";
        cmd.Parameters.Add(new SQLiteParameter("@classeid",
                                        classeid));
        SQLiteDataAdapter adapter = new SQLiteDataAdapter(cmd);
        adapter.Fill(t);
        return t;
    }
}
```

Le proprietà UpdateCommand, InsertCommand e DeleteCommand di SQLiteDataAdapter consentono di impostare le query da applicare per le righe del DataTable che sono state, rispettivamente, modificate, aggiunte e cancellate.

Il metodo AggiornaconDataTable(), dopo aver impostato le query per l'aggiornamento (update) e l'inserimento di dati (insert), si limita a chiamare il metodo Update() del data adapter.

Il metodo Update() sostanzialmente scansiona le righe del DataTable e nel caso in cui la riga sia marcata come modificata (Modified), oppure aggiunta (Added), oppure cancellata (Deleted), rispetto ai dati originari, esso lancia la corrispondente query di aggiornamento del database.

Poiché si possono generare errori runtime a seguito di violazione di vincoli sui dati inseriti o modificati, è opportuno intercettare tali errori e restituire il relativo messaggio di errore:

```
public string AggiornaconDataTable(DataTable table)
{
  // il comando update
  string s = "UPDATE Studenti " +
"SET Nome =  @nome, ClasseID = @classeid, " +
"Età = @età " +
"WHERE ID = @ID";
  SQLiteDataAdapter adapter = new SQLiteDataAdapter();
  adapter.UpdateCommand = conn.CreateCommand();
  adapter.UpdateCommand.CommandText = s;
  // i valori dei parametri della suddetta query
  // derivano dai campi del datatable, che hanno lo stesso
  // nome dei campi della tabella del database
  // e il cui tipo deve essere opportunamente specificato
  // indicando anche la sua dimensione in byte
  adapter.UpdateCommand.Parameters.Add("@nome",
          DbType.String, 50, "Nome");
  adapter.UpdateCommand.Parameters.Add("@classeid",
          DbType.String, 10, "ClasseID");
  adapter.UpdateCommand.Parameters.Add("@età",
          DbType.Int32, 4, "Età");
  adapter.UpdateCommand.Parameters.Add("@ID",
          DbType.Int32, 4, "ID");
  // il comando insert
  adapter.InsertCommand = conn.CreateCommand();
  adapter.InsertCommand.CommandText = "INSERT INTO " +
"Studenti(Nome, ClasseID, Età) " +
"VALUES(@nome, @classeid, @età)";
  adapter.InsertCommand.Parameters.Add("@nome",
          DbType.String, 50, "Nome");
  adapter.InsertCommand.Parameters.Add("@classeid",
          DbType.String, 10, "ClasseID");
  adapter.InsertCommand.Parameters.Add("@età",
          DbType.Int32, 4, "Età");
  adapter.InsertCommand.Parameters.Add("@ID",
          DbType.Int32, 4, "ID");
  // effettuazione dell'aggiornamento e gestione di
```

```
  // eventuali errori runtime
  string messaggio = "Modiche effettuate con successo";
  try
  {
    // effettua nel database tutti gli aggiornamenti e gli
    // inserimenti riportati nel datatable in memoria centrale
    adapter.Update(table);
  }
  catch (MySqlException e)
  {
    messaggio = e.Message;
  }
  return messaggio;
}

// la cancellazione si basa sugli id dei record contrassegnati
public void CancellaconDataTable(DataTable table)
{
  string s = "DELETE FROM Studenti " +
"WHERE ID = @ID";
  SQLiteDataAdapter adapter = new SQLiteDataAdapter();
  adapter.DeleteCommand = conn.CreateCommand();
  adapter.DeleteCommand.CommandText = s;
  adapter.DeleteCommand.Parameters.Add("@ID",
          DbType.Int32, 4, "ID");
  // aggiornamento del database
  adapter.Update(table);
}
```

Il Form contiene un DataGridView, un pulsante per salvare le modifiche effettuate e un pulsante per eliminare i record corrispondenti alle righe selezionate:

```
// class Form2: Form

  private GestioneDati g;

  public Form2()
  {
    this.g = new GestioneDati();
    IntitializeComponent();
  }

  // al caricamento del form avviene anche il caricamento
  // dei dati nel datagrid
  private void Form2_Load(object sender, EventArgs e)
  {
```

```
    DataTable table = g.RecuperaTuttiGliStudenticonDataTable();
    dataGridView1.DataSource = table;
    // disabilita la possibilità di modifica nella colonna "ID"
    dataGridView1.Columns[0].ReadOnly = true;
}
```

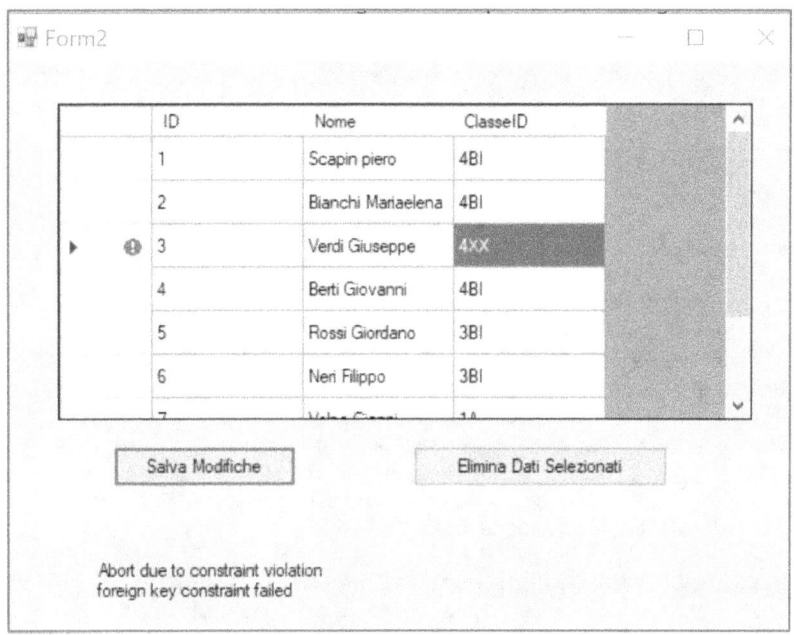

Fallimento del tentativo di modifica dei dati
poiché la classe 4XX non esiste nella tabella delle classi

Il codice che gestisce il click sul pulsante Salva Modifiche richiama il metodo AggiornaconDataTable() dell'oggetto GestioneDati:

```
// class Form2: Form

  // pulsante "SALVA MODIFICHE"
  private void button1_Click(object sender, EventArgs e)
  {
    // i dati aggiornati sono visualizzati nel datagrid
    // e sono memorizzati nell'oggetto DataTable
    // abbinato al datagrid
    DataTable table = dataGridView1.DataSource as DataTable;
```

171

```
    string esito = g.AggiornaconDataTable(table);
    label1.Text = esito;
}
```

Il codice che gestisce l'evento click sul pulsante Elimina Dati Selezionati, applica il contrassegno "Deleted" alle righe del DataTable corrispondenti alle righe selezionate del DataGridView, dopodiché chiama il metodo CancellaconDataTable() dell'oggetto GestioneDati:

```
// class Form2: Form

// pulsante "ELIMINA DATI SELEZIONATI"
private void button2_Click(object sender, EventArgs e)
{
  // innanzitutto chiedo CONFERMA dell'intenzione di
  // cancellare i dati
  string messaggio = "Sei veramente sicuro di voler " +
"cancellare i dati selezionati?";
  string titolo = "Conferma cancellazione";
  DialogResult risposta = MessageBox.Show(messaggio, titolo
                          MessageBoxButtons.YesNo,
                          MessageBoxIcon.Question);
  if (risposta == DialogResult.Yes)
  {
    // devo individuare a quali righe del datatable
    // corrispondono le righe selezionate nel datagrid
    DataTable table = dataGridView1.DataSource as DataTable;
    // se volessi potrei sapere quante sono le righe selezionate
    // int n = dataGridView1.SelectedRows.Count;
    foreach (DataGridViewRow gridrow in
                          dataGridView1.SelectedRows)
    {
      // devo contrassegnare come "da cancellare"
      // la corrispondente riga del datatable
      DataRow row = ((DataRowView)gridrow.DataBoundItem).Row;
      row.Delete();
    }
    // chiamo il metodo che effettua la cancellazione
    // nel database
    g.CancellaconDataTable(table);
  }
}
```

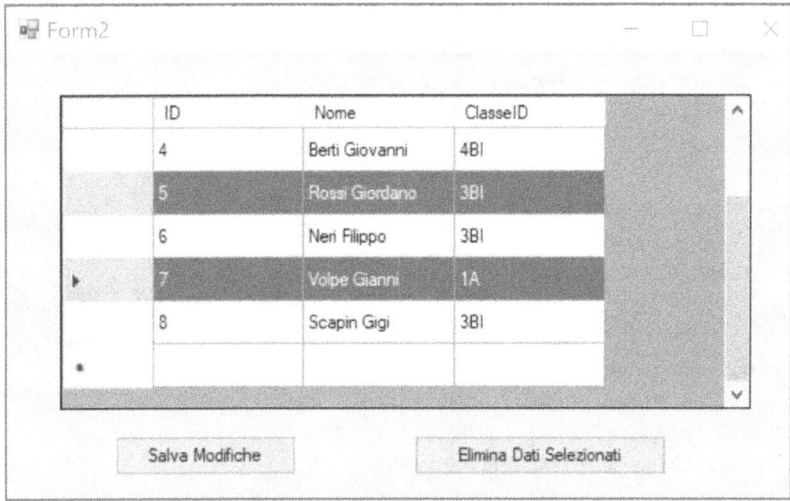

Selezione multipla delle righe da eliminare

Valori NULL

Se nel database ci sono campi con valore NULL si generano errori run-time in fase di lettura dei dati quando si tenta di convertire tali valori nei tipi del C#.

Il valore NULL corrisponde al tipo DbNull del C#.

Pertanto è necessario effettuare un controllo per assegnare un valore di default ai campi che contengono un DBNull. A tal fine si può utilizzare una espressione condizionale del tipo

```
variabile = (condizione) ? valore se vera : valore se falsa;
```

Esempio di caricamento dei dati di una tabella in una lista di oggetti:

```
// si suppone di leggere i dati dalla tabella Persone
// con campi ID, Nome, Stipendio e DataNascita
// e di caricarli in una lista di oggetti di tipo Persona
// aventi le medesime proprietà pubbliche
```

```
List<Persona> lista = new List<Persona>();
// l'oggetto SQLiteCommand utilizza la connessione già aperta
SQLiteCommand cmd = new SQLiteCommand(conn);
cmd.CommandText = "SELECT ID, Nome, Stipendio, DataNascita " +
"FROM Persone";
SQLiteDataReader reader = cmd.ExecuteReader();
while (reader.Read())
{
  lista.Add(new Persona()
  {
    ID = Convert.ToInt32(reader["ID"]),
    Nome = (reader["Nome"] is DBNull) ? "" :
            reader["Nome"].ToString(),
    Età = (reader["Età"] is DBNull) ? 0 :
            Convert.ToInt32(reader["Età"]),
    DataNascita = (reader["DataNascita"] is DBNull) ?
                    Convert.ToDateTime(null) :
                    Convert.ToDateTime(reader["DataNascita"]),
  }) ;
}
reader.Close();
```

Funzioni per le Date

In SQLite per assegnare una data mediante una stringa di testo si usa il formato 'AAAA-MM-GG', per un istante temporale invece si usa il formato 'AAAA-MM-GG HH:MM:SS.SSS', per esempio '2021-02-22 22:31:00'.

Alcune delle funzioni fornite da SQLite per la manipolazione delle date sono le seguenti:

```
SELECT date('now')  // restituisce la data odierna
SELECT datetime('now','localtime')  // data e ora correnti
SELECT time('now','localtime')  // l'ora corrente
SELECT data1 - data2  // restituisce la differenza tra gli anni
                      // delle date indicate
SELECT date('now') - '2020-02-08'  // restituisce 1 perché ora
                // siamo nel 2021 e la data indicata è del 2020
SELECT date(data1, '+3 days');  // calcola la data che segue di
                                // 3 giorni la data1
```

```
SELECT date(data1, '-3 days');  // calcola la data che precede
                                // di 3 giorni la data1
SELECT julianday('now') - julianday('2020-12-31');  // calcola
  // il numero di giorni intercorrenti tra la data odierna
  // e la data del 31/12/2020
```

vedi   anche   la   documentazione   ufficiale   di   SQLite
https://sqlite.org/lang_datefunc.html

Creazione automatica del database

E' molto importante dotare l'applicazione della possibilità di ricreare da zero il database nel caso in cui questo manchi.

Si tratta di aggiungere al costruttore della classe GestioneDatabase il compito di controllare l'esistenza del file del database ed eventualmente di eseguire uno script di creazione del database e delle tabelle previste.

Le istruzioni SQL per la creazione delle tabelle vengono generate automaticamente dal programma SQLiteStudio e sono visibili nella scheda DDL (Data Definition Language) delle tabelle create:

```
Structure   Data   Constraints   Indexes   Triggers   DDL
CREATE TABLE Classi (
    ID                  CHAR (10) PRIMARY KEY,
    Specializzazione CHAR (50)
);
```

```
Structure   Data   Constraints   Indexes   Triggers   DDL
CREATE TABLE Studenti (
    ID          INTEGER   PRIMARY KEY AUTOINCREMENT,
    Nome        CHAR (50),
    ClasseID CHAR (10) REFERENCES Classi (ID) ON DELETE RESTRICT
                                               ON UPDATE RESTRICT
);
```

Istruzioni SQL per la creazione delle tabelle
Classi (sopra) e Studenti (sotto)

La classe GestioneDati integrata con il metodo per la creazione del database è la seguente:

```
using System.IO

// aggiunta del metodo per la creazione del database
public class GestioneDati
{
  private SQLiteConnection conn;

  public GestioneDati()
  {
    if (!File.Exists(@"E:\scuola.db"))
    { CreaDatabase(); }
    // connessione al database
    conn = new SQLiteConnection("Data Source = E:/scuola.db;
                                 Foreign Keys = on");
    conn.Open();
  }

  public void CreaDatabase()
  {
    // creo il database vuoto
    string script = "CREATE TABLE Classi (" +
"ID CHAR(10) PRIMARY KEY," +
"Specializzazione CHAR(50)" +
");" +
"CREATE TABLE Studenti(" +
"ID INTEGER PRIMARY KEY AUTOINCREMENT," +
"Nome CHAR (50)," +
"ClasseID CHAR(10) REFERENCES Classi(ID) " +
"ON DELETE RESTRICT " +
"ON UPDATE RESTRICT" +
");";
    SQLiteConnection.CreateFile(@"E:\scuola.db");
    SQLiteConnection c = new SQLiteConnection(
"Data Source=E:/scuola.db");
    c.Open();
    SQLiteCommand cmd = new SQLiteCommand(c);
    cmd.CommandText = script;
    cmd.ExecuteNonQuery();
    c.Close();
  }
```

Si noti che il file system di Windows vuole le barre rovesce \, mentre nella stringa di connessione al database si usano le barre diritte /.

VERIFICA LE TUE COMPETENZE 5

Sia data la tabella delle prenotazioni di un ristorante

Prenotazioni

ID	Data	Ora	Nome	Telefono	Evento	Num Ospiti
1	16/12/2020	12:00	Rossi Mario	6666	laurea	20
2	16/12/2020	12:30	Bianchi Pietro	2434	compleanno	12
3	18/12/2020	20:30	Rossi Mario	6666	cena aziendale	36

Scrivere le query in SQL per

a. Recuperare il nome di chi ha fatto prenotazioni per una "laurea", in ordine di alfabetico
b. Recuperare l'elenco delle prenotazioni fatte da Rossi Mario, in ordine di data
c. Recuperare l'elenco delle prenotazioni con più di 20 ospiti
d. Inserire una nuova prenotazione per il 25/12/2020 ore 19 a nome Neri Filippo, tel. 4444 per cena di famiglia con numero ospiti 12
e. Modificare la prenotazione con id = 1 portando a 25 il numero di ospiti
f. Cancellare la prenotazione con id = 2

Scrivere i metodi in C# per eseguire la prima e l'ultima delle suddette query, avendo SQLite come database manager.

Soluzione:

a. SELECT Nome FROM Prenotazioni WHERE Evento = "laurea" ORDER BY Nome
b. SELECT * FROM Prenotazioni WHERE Nome = "Rossi Mario" ORDER BY Data
c. SELECT * FROM Prenotazioni WHERE NumOspiti > 20
d. INSERT INTO Prenotazioni(Data, Ora, Nome, Telefono, Evento, NumOspiti) VALUES("25/12/2020", 19, "Neri Filippo", 4444, "cena di famiglia", 12)
e. UPDATE Prenotazioni SET NumOspiti = 25 WHERE ID=1
f. DELETE FROM Prenotazioni WHERE ID = 2

```csharp
public List<string> RecuperaNomiPrenotantiEvento(string evento)
{
  List<string> lista = new List<string>();
  SQLiteCommand cmd = new SQLiteCommand(conn);
  cmd.CommandText = "SELECT Nome FROM Prenotazioni " +
"WHERE Evento = @evento " +
"ORDER BY Nome";
  cmd.Parameters.Add(new SQLiteParameter("@evento", evento));
  SQLiteDataReader reader = cmd.ExecuteReader();
  while (reader.Read())
  { lista.Add(reader["Nome"].ToString()); }
  return lista;
}

// cancella la prenotazione con l'id specificato e
// restituisce il numero di prenotazioni cancellate
// ovvero 1 se la prenotazione c'era ed è stata cancellata
// oppure 0 se la prenotazione con quell'id non c'era
public int CancellaPrenotazione(int id)
{
  SQLiteCommand cmd = new SQLiteCommand(conn);
  cmd.CommandText = "DELETE FROM Prenotazioni "+
"WHERE ID = @id";
  cmd.Parameters.Add(new SQLiteParameter("@id", id));
  int n = cmd.ExecuteNonQuery();
  return n;
}
```

29.Uso di EntityFramework 6 con SQLite

Entity Framework è un **ORM** (Object Relational Mapper) inizialmente sviluppato dalla Microsoft e poi reso open source. La versione attuale è la 6.

Esso consente agli sviluppatori di lavorare con i dati di un database in modo pressoché trasparente, ovvero senza doversi preoccupare delle operazioni per accedere alle tabelle e nemmeno della formulazione di query in linguaggio SQL.

Il framework prevede che ci sia in memoria una struttura dati formata da collezioni di oggetti per i dati di interesse dell'applicazione e che il programmatore utilizzi questi oggetti normalmente, senza pensare al fatto che essi provengono da un database.

Questi oggetti hanno la caratteristica di essere "persistenti" nel tempo, grazie al framework che ne cura in modo automatico l'archiviazione.

In questo modo si ottiene un maggiore livello di astrazione nell'uso dei dati, e lo sviluppo di una applicazione di tipo gestionale richiede la scrittura di meno codice.

Il termine ORM deriva dal fatto che questo tipo di software consente di superare le "incompatibilità" ("impedance mismatch") tra il modello object oriented e il modello relazionale dei database.

Una prima differenza tra i due modelli è data dal fatto che il modello relazionale considera soltanto dati di tipo semplice (INT, DOUBLE, CHAR(n), VARCHAR(n), DATE, DATETIME, ...) strutturati in tabelle. Occorre pertanto instaurare una corrispondenza tra tabelle e collezioni di oggetti, con un adattamento ai tipi del C#.

Una seconda differenza è data dal diverso modo in cui vengono associati tra di loro i dati delle tabelle rispetto a quello che avviene con gli oggetti in memoria.

1			**N**	

Classi		Studenti		
ID	Specializzazione	ID	Nome	ClasseID
1A	biennio	1	Rossi Mario	4BI
3BI	informatica	2	Bianchi Maria	4BI
3CI	informatica	3	Verdi Giuseppe	3BI
4BI	informatica	4	Berti Giovanni	4BI
		5	Rossi Giordano	3BI
		6	Neri Filippo	3BI
		7	Volpe Gianni	1A
		8	Scapin Gigi	3BI

Modello relazionale

Nel modello relazionale è sempre possibile navigare in modo bidirezionale da una tabella all'altra: da una singola riga della tabella Classi si arriva alle corrispondenti righe della tabella Studenti. Viceversa, dalla riga di uno studente si arriva alla riga della corrispondente classe. La corrispondenza è di tipo logico ed è dettata dall'uguaglianza di valore del campo chiave esterna della tabella Studenti con il campo chiave primaria della tabella Classi.

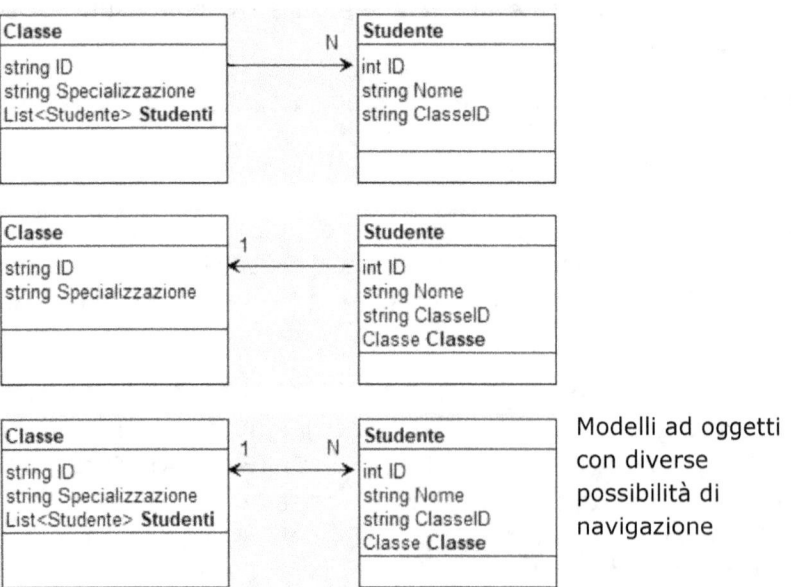

Modelli ad oggetti con diverse possibilità di navigazione

Invece nel modello ad oggetti, la navigabilità è sempre direzionale, ovvero è consentita solo se l'oggetto di una classe contiene il riferimento fisico (indirizzo di memoria) di uno o più oggetti appartenenti all'altra classe.

Quindi da un oggetto di tipo Classe si può raggiungere la lista dei suoi studenti solo se c'è l'apposito attributo contenente una collezione di Studenti. Viceversa, da un oggetto di tipo Studente si può raggiungere il corrispondente oggetto di tipo Classe solo se c'è l'apposito attributo di tipo Classe.

Pertanto l'attributo (o proprietà) Studenti di un oggetto Classe e l'attributo Classe di un oggetto Studente vengono dette "proprietà di navigazione" ("**navigation property**").

Un ORM effettua una corrispondenza tra il modello object oriented dei dati (EDM = "entity data model") utilizzato nella applicazione e la struttura delle tabelle del database ("database schema").

Questa corrispondenza è basata su alcune convenzioni e/o su istruzioni appositamente scritte dal programmatore.

Grazie all'ORM si possono recuperare i dati di interesse ed effettuare gli aggiornamenti (inserimenti, modifiche, cancellazioni) dei dati utilizzando apposite funzioni fornite dallo stesso. In sostanza si utilizza la libreria LINQ applicata alle entità del database ("Linq to Entities").

Inoltre, per migliorare le prestazioni, l'ORM gestisce in modo automatico una "memoria cache" dove vengono via via caricati i dati del database in modo da averli subito disponibili in RAM senza doverli andare ogni volta a prelevare dal database.

Per poter utilizzare Entity Framework 6 con Visual Studio, lo si deve installare mediante il Gestore di pacchetti NuGet.

Con l'installazione di System.Data.SQLite si ottiene anche l'installazione della libreria entityframework.dll di Entity Framework.

Architettura software

Entity Framework si colloca tra l'applicazione e la libreria di SQLite che contiene le classi per l'accesso al database:

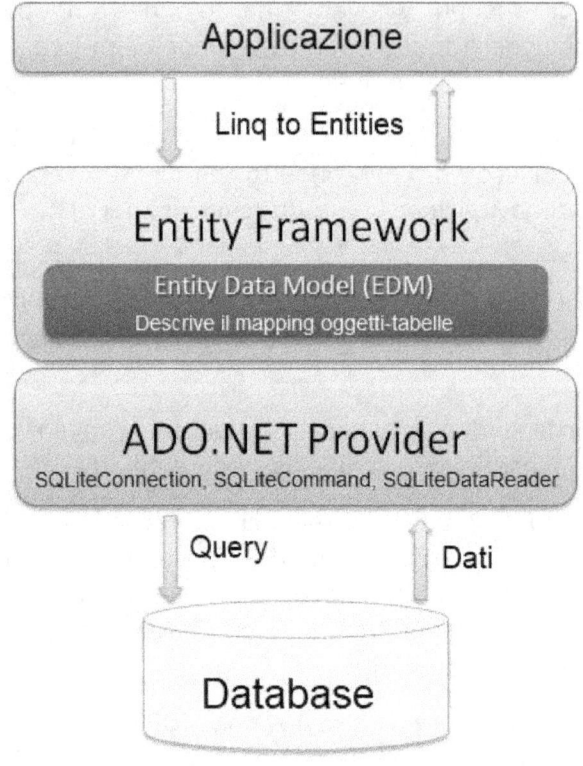

Architettura software

Pertanto per lavorare con i dati del database sarà sufficiente aggiungere al programma la direttiva

using System.Data.Entity;

in quanto il programmatore non dovrà più utilizzare direttamente la libreria delle classi di SQLite.

ADO.NET

ADO.NET (ActiveX Data Objects) è il modello di accesso relazionale ai dati usato da Microsoft.
Esso prevede la libreria System.Data.Common che definisce le classi astratte DbConnection, DbCommand, DbDataReader, ...
Per poter accedere ad un database, occorre uno specifico ADO.NET Provider, ovvero una libreria di classi che implementi le funzionalità previste dalle suddette classi astratte.
Per quanto riguarda SQLite, si tratta appunto della libreria System.Data.SQLite.

E' importante aggiustare subito il file di configurazione dell'applicazione: il file App.config[5].
Si tratta di aggiungere dentro la sezione <entityFramework> il provider SQLite per Entity Framework:

```
<provider invariantName="System.Data.SQLite"
        type="System.Data.SQLite.EF6.SQLiteProviderServices,
            System.Data.SQLite.EF6" />
```

e la sezione con la stringa di connessione al database:

```
<connectionStrings>
<add name="Scuola"
    connectionString="Data Source=scuola.db;Foreign Keys=On;"
    providerName="System.Data.SQLite" />
</connectionStrings>
```

Ecco il file di configurazione completo:

App.config

```
<?xml version="1.0" encoding="utf-8"?>
<configuration>
<configSections>
<!-- For more information on Entity Framework configuration,
visit http://go.microsoft.com/fwlink/?LinkID=237468 -->
<section name="entityFramework"
type="System.Data.Entity.Internal.ConfigFile.EntityFrameworkSecti
on, EntityFramework, Version=6.0.0.0, Culture=neutral,
PublicKeyToken=b77a5c561934e089" requirePermission="false" />
</configSections>
```

---

[5]Per l'aggiornamento a Visual Studio 2022 vedi l'appendice 3

```
<startup>
<supportedRuntime version="v4.0"
sku=".NETFramework,Version=v4.7.2" />
</startup>
<entityFramework>
<providers>
<provider invariantName="System.Data.SqlClient"
type="System.Data.Entity.SqlServer.SqlProviderServices,
EntityFramework.SqlServer" />
<provider invariantName="System.Data.SQLite.EF6"
type="System.Data.SQLite.EF6.SQLiteProviderServices,
System.Data.SQLite.EF6" />
<provider invariantName="System.Data.SQLite"
type="System.Data.SQLite.EF6.SQLiteProviderServices,
System.Data.SQLite.EF6" />
</providers>
</entityFramework>
<system.data>
<DbProviderFactories>
<remove invariant="System.Data.SQLite.EF6" />
<add name="SQLite Data Provider (Entity Framework 6)"
          invariant="System.Data.SQLite.EF6"
          description=".NET Framework Data Provider for SQLite
(Entity Framework 6)"
          type="System.Data.SQLite.EF6.SQLiteProviderFactory,
System.Data.SQLite.EF6" />
<remove invariant="System.Data.SQLite" />
<add name="SQLite Data Provider"
          invariant="System.Data.SQLite"
          description=".NET Framework Data Provider for SQLite"
          type="System.Data.SQLite.SQLiteFactory,
System.Data.SQLite" />
</DbProviderFactories>
</system.data>
<connectionStrings>
<add name="Scuola"
     connectionString="Data Source=scuola.db;Foreign Keys=On;"
     providerName="System.Data.SQLite" />
</connectionStrings>
</configuration>
```

EntityFramework Provider

EntityFramework dipende dalla presenza di una classe derivata da
System.Data.Common.DbProviderFactory per l'esecuzione di tutti gli
accessi di basso livello al database.
Pertanto per consentire a EntityFramework di utilizzare SQLite viene

installata anche la libreria System.Data.SQlite.EF6 che contiene l'apposita classe SQLiteProviderFactory, che funge da punto di ingresso per il provider ADO.NET che così può essere usato da Entity Framework.

Definizione dell'Entity Data Model

Poiché si parte da un database già fatto con le tabelle Classi e Studenti, si procede con la definizione delle corrispondenti classi, secondo l'approccio cosiddetto "**database first**".

In questo modo si crea manualmente il modello delle entità (entità data model) del database:

```csharp
using System.Collections.Generic;

// classi del modello delle entità del database
public class Studente
{
  // properties per i campi
  public int ID {get; set;}  // chiave primaria
  public string Nome {get; set;}
  public string ClasseID {get; set;}  // chiave esterna
  // navigation property (riferimento a un oggetto)
  public virtual Classe Classe {get; set;}
}

public class Classe
{
  // properties per i campi
  public string ID {get; set;}  // chiave primaria
  public string Specializzazione {get; set;}
  // navigation property (collezione di oggetti)
  public virtual ICollection<Studente> Studenti {get; set;}
}
```

Si tratta di cosiddette classi POCO (Plain Old C# Object) ovvero di semplici classi "normali" del tutto ignare dell'esistenza del database e del problema della persistenza ("persistance ignorance").

Si noti la presenza delle "navigation property" per consentire la navigazione nella base di dati.

I nomi delle proprietà devono coincidere con quelli dei corrispondenti campi nella struttura delle tabelle. Inoltre il campo chiave primaria deve chiamarsi ID oppure *nometabella*ID e i campi che fungono da chiave esterna devono chiamarsi *nometabellacorrelata*ID.

Perchè le navigation property sono definite virtual?

Il fatto che un metodo o una proprietà sia definito come "virtual" significa che esso può essere ridefinito ("override") da chi eredita da quella classe.

EntityFramework usa le proprietà virtuali per implementare il caricamento differito ("lazy loading") sfruttando il polimorfismo. In pratica, EF crea automaticamente una classe proxy che eredita dalla classe scritta dal programmatore; in questa classe proxy vengono ridefinite le proprietà virtual in modo che esse vengano caricate con i dati del database quando vi si accede in lettura (get).

Esempio:

```
public class StudenteProxy: Studente
{
  private Classe classe;
  public override Classe Classe
  {
    get {
        if (classe != null) { return classe; }
        else { classe = new Classe()
                {/* recupero dei dati dal database */} }
        }
    set { classe = value; }
  }
}
```

Così quando si caricano dal database i dati di uno Studente, EF non carica subito i dati della Classe collegata, ma si limita a costruire la classe StudenteProxy che eredita da Studente.

Non appena si tenta di accedere alla proprietà Classe di quello studente, EF effettua il caricamento effettivo dei dati dal database.

Definizione del contesto

Dopo aver creato il modello delle entità del database, si procede con la creazione della classe ScuolaContext che rappresenta il **contesto** del database (che deriva da DBContext).

Questa classe contiene gli insiemi degli oggetti prelevati dalle tabelle del database (DbSet).

Occorre pertanto dichiarare un DbSet per ciascuna delle tabelle del database.

Per non incorrere nella convenzione (basata sulla lingua inglese) di associare a ciascun DbSet la tabella avente il nome al plurale rispetto al nome dell'Entità del DbSet (es.: entità Studente → tabella Studentes) conviene definire manualmente le associazioni da applicare in fase di creazione del modello del database:

```
// mapping delle entità nelle tabelle del database
modelBuilder.Entity<Studente>().ToTable("Studenti");
modelBuilder.Entity<Classe>().ToTable("Classi");
```

```
using System.Data.Entity;

public class ScuolaContext : DbContext
{
  // definizione dei DbSet per le entità
  // da associare alle tabelle del database
  public DbSet<Studente> Studenti {get; set;}
  public DbSet<Classe> Classi {get; set;}

  // il costruttore richiama quello della classe base
  // e le passa il nome che è stato dato alla stringa
  // di connessione nel file App.config
  public ScuolaContext(): base("Scuola")
  {
    // disabilita l'eventuale tentativo di modificare
    // la struttura del database in funzione delle classi
    // dell'entity data model
    Database.SetInitializer<ScuolaContext>(null);

    // abilita il lazy load dei dati
```

```
    // è il comportamento predefinito
    Configuration.LazyLoadingEnabled = true;
    Configuration.ProxyCreationEnabled = true;
  }

  protected override void OnModelCreating(DbModelBuilder
                                          modelBuilder)
  {
    // mapping delle entità nelle tabelle del database
    modelBuilder.Entity<Studente>().ToTable("Studenti");
    modelBuilder.Entity<Classe>().ToTable("Classi");
  }
}
```

La classe che rappresenta il "contesto" è la classe più importante quando si lavora con EntityFramework.

Essa rappresenta una sessione di lavoro con il database e consente di applicare le funzioni di Linq to Entities per recuperare dati dal database ed inoltre consente di salvare nel database le modifiche effettuate agli stessi.

Unit Of Work

In sostanza la classe del contesto rappresenta al tempo stesso una Unit Of Work con il database e un Repository per i dati dello stesso.

Il concetto di Unit Of Work prevede di considerare un insieme di modifiche al database come un'unica transazione di aggiornamento ("database transaction").

Utilizzo di EntityFramework

Innanzitutto si crea un oggetto per il contesto del database:

```
ScuolaContext scuola = new ScuolaContext();
```

Per visualizzare l'elenco degli studenti della scuola si scrive:

```
foreach(Studente s in scuola.Studenti)
{ Console.WriteLine(s.Nome + "" + s.ClasseID); }
```

Si ottiene:

```
Rossi Mario 4BI
Bianchi Maria 4BI
Verdi Giuseppe 3BI
Berti Giovanni 4BI
Rossi Giordano 3BI
Neri Filippo 3BI
Volpe Gianni 1A
Scapin Gigi 3BI
```

è stato utilizzato il DbSet scuola.Studenti come se fosse già stato riempito con i dati della tabella Studenti. Infatti, quando si tenta di accedere al contenuto di scuola.Studenti, automaticamente l'EntityFramework effettua la necessaria query per recuperare i dati dal database:

```
SELECT
[Extent1].[ID] AS [ID],
[Extent1].[Nome] AS [Nome],
[Extent1].[ClasseID] AS [ClasseID]
FROM [Studenti] AS [Extent1]
```

che equivale alla seguente

```
SELECT ID, Nome, ClasseID
FROM Studenti
```

Se oltre ai dati degli studenti si vuole visualizzare anche la specializzazione della classe di appartenenza, basta aggiungere la proprietà s.Classe.Specializzazione in fase di stampa:

```
foreach(Studente s in scuola.Studenti)
{
  Console.WriteLine(s.Nome + "" + s.ClasseID +  "" +
                  s.Classe.Specializzazione);
}
```

Si ottiene:

```
Rossi Mario 4BI informatica
Bianchi Maria 4BI informatica
Verdi Giuseppe 3BI informatica
Berti Giovanni 4BI informatica
Rossi Giordano 3BI informatica
```

Neri Filippo 3BI informatica
Volpe Gianni 1A biennio
Scapin Gigi 3BI informatica

EntityFramework si preoccupa di andare a recuperare dal database anche i dati delle classi. Per fare questo effettua 3 query, una per ciascuna delle 3 classi esistenti nel database:

```
SELECT
[Extent1].[ID] AS [ID],
[Extent1].[Specializzazione] AS [Specializzazione]
FROM [Classi] AS [Extent1]
WHERE [Extent1].[ID] = @EntityKeyValue1

con
-- EntityKeyValue1: '4BI'
-- EntityKeyValue1: '3BI'
-- EntityKeyValue1: '1A'
```

Si noti che la query per recuperare l'elenco degli studenti non è stata ripetuta in quanto il rispettivo risultato era ancora presente in memoria nel DbSet Studenti.

Questo comportamento si chiama **"lazy loading"** ("caricamento differito"), ovvero il caricamento effettivo dei dati in memoria viene fatto solo quando i dati vengono richiesti.

Si tratta di una modalità di lavoro che generalmente risulta conveniente in quanto tende a far risparmiare il lavoro di caricamento dal database di dati che non vengono utilizzati dall'utente.

Tuttavia, per evitare di dover effettuare n query per accedere a n dati, può convenire richiedere in modo esplicito il caricamento in una sola volta di tutti i dati che occorrono. A tal fine si usa la funzione Include().

In questo caso di parla di **"eager loading"** ("caricamento immediato").

```
foreach(Studente s in scuola.Studenti.Include("Classe"))
{
  Console.WriteLine(s.Nome + "" + s.ClasseID +  "" +
                    s.Classe.Specializzazione);
```

```
}
```

Infatti, il risultato è ottenuto con una singola query:

```
SELECT
[Extent1].[ID] AS [ID],
[Extent1].[Nome] AS [Nome],
[Extent1].[ClasseID] AS [ClasseID],
[Extent2].[ID] AS [ID1],
[Extent2].[Specializzazione] AS [Specializzazione]
FROM  [Studenti] AS [Extent1]
LEFT OUTER JOIN [Classi] AS [Extent2] ON [Extent1].[ClasseID] =
[Extent2].[ID]
```

Esempio: visualizzare la classe e il numero di compagni di classe di Scapin Gigi

```
Studente s = scuola.Studenti.
            FirstOrDefault(x => x.Nome == "Scapin Gigi");
if (s != null)
{
  Console.WriteLine(s.ClasseID + "" + s.Classe.Studenti.Count); }
else
{ Console.WriteLine("inesistente!"); }
```

Si ottiene

3BI 4

Si noti con quale semplicità si possa scrivere una catena di proprietà fino ad arrivare a quella che ci interessa!

Esempio: visualizzare il nome del primo studente della classe 4BI

```
string nome = scuola.Studenti.
            Where(x => x.ClasseID == "4BI").
            OrderBy(x => x.Nome).
            Select(x => x.Nome).First();
```

Si ottiene: Berti Giovanni

La suddetta operazione poteva anche essere scritta usando la QUERY SYNTAX di Linq. Innanzitutto si recuperano i nomi degli studenti della classe 4BI in ordine alfabetico, poi si preleva il primo di questi:

```
// nomi è di tipo IQueryable<Studente>
var nomi = from s in scuola.Studenti
           where s.ClasseID == "4BI"
           orderby s.Nome
           select s.Nome;
string nome = nomi.First();
```

Linq to Entities usa il tipo IQueryable<T> per le collezioni di oggetti ottenuti da una interrogazione, in modo del tutto analogo a Linq to Objects che usa il tipo IEnumerable<T>.

ESERCIZIO SVOLTO 29.1

Utilizzare la QUERY SYNTAX per scrivere le istruzioni per recuperare lo studente di nome "Berti Giovanni"

Soluzione:
```
var elenco = from s in scuola.Studenti
             where studenti.Nome == "Berti Giovanni"
             select s;
Studente stud = elenco.FirstOrDefault();
```

ESERCIZIO SVOLTO 29.2

Scrivere le istruzioni per visualizzare i nomi dei compagni di classe di Berti Giovanni, in ordine alfabetico.

Soluzione:

```
List<string> compagni = scuola.Studenti.
                        Where(x => x.Nome == "Berti Giovanni").
                        SelectMany(x => x.Classi.Studenti).
                        OrderBy(x => x.Nome).
                        Select(x => x.Nome).ToList();

foreach(string s in compagni)
{ Console.WriteLine(s); }
```

Si ottiene:

```
Berti Giovanni
Bianchi Maria
Rossi Mario
```

Notare l'uso di SelectMany() per "appiattire" l'attributo Studenti in una lista di Studenti.

Caricamento differito dei dati

Per chiarire ulteriormente il concetto di caricamento differito (lazy loading) dei dati, si veda la seguente sequenza di istruzioni:

```
// t e s sono di tipo IQueryable<Studente>
var t = scuola.Studenti.Where(x => x.ClasseID == "1A");
var s = t.OrderBy(x => x.Nome);
```

Finora è solo stata impostata una query SQL: non è ancora stata eseguita alcuna query!
Se con un ciclo foreach si chiede di utilizzare i dati, viene eseguita la query necessaria a fornire i dati previsti dalla collezione s:

```
foreach (Studente x in s)
{ Console.WriteLine(x.Nome); }
// si ottiene la stampa dei nomi degli studenti
```

Anche la funzione Count() richiede l'esecuzione della query:

```
Console.WriteLine(s.Count()); // stampa il numero di studenti
```

Anche l'estrazione di un singolo studente richiede l'esecuzione della query:

```
Studente z = s.FirstOrDefault();
```

Anche la trasformazione in Lista richiede l'esecuzione della query:

```
List<Studenti> m = s.ToList();
```

In definitiva, finché si effettua una assegnazione ad una variabile di tipo IQueryable, non viene eseguita nessuna query!

Per eseguire la query, si aspetta che vi sia un effettivo utilizzo dei dati.

Aggiornamento dei dati

Per aggiornare i dati si utilizzano i metodi Add() e Remove().

La modifica avviene sui dati in memoria RAM e viene salvata nel database con il metodo SaveChanges().

SaveChanges() considera tutte le modifiche come una unica **transazione**: o tutte le modifiche vengono eseguite correttamente, oppure viene effettuato un "rollback" per ripristinare il database allo stato precedente al tentativo di aggiornamento che non è andato a buon fine.

Per mantenere separate diverse Unit of Work conviene creare contesti di lavoro separati, uno per ciascun metodo di accesso ai dati:

```
using (var scuola = new ScuolaContext())
{
    ..... operazioni di aggiornamento dei dati .....
}
```

Inserimento di un nuovo studente:

```
// si crea un nuovo oggetto per lo studente da inserire
Studente appo = new Studente(){Nome="Viola Lara", ClasseID="1A"};
// si aggiunge il nuovo studente al DbSet degli studenti
scuola.Studenti.Add(appo);
// si effettua il salvataggio della modifica nel database
scuola.SaveChanges();  // da inserire in un blocco try...catch...
```

Se si vuole recuperare il valore dell'ID auto incrementante assegnato al nuovo studente, basta scrivere:

```
int n = appo.ID;
```

Si possono anche inserire più studenti in un'unica volta:

```
scuola.Studenti.Add(new Studente() {Nome="Leo", ClasseID="1A"});
scuola.Studenti.Add(new Studente() {Nome="Tommy",ClasseID="xx"});
try { scuola.SaveChanges(); }
catch (DbUpdateException dbe)
{
   // il messaggio di errore proveniente dal database
   // è incapsulato in una eccezione interna
   Console.WriteLine(dbe.InnerException.InnerException.Message;)
}
// la transazione di inserimento dei due studenti fallisce
// perché uno di essi ha una classe inesistente
// si ottiene il messaggio "FOREIGN KEY constraint failed"
```

Come si vede dal precedente esempio, conviene sempre intercettare un eventuale errore runtime dovuto al fallimento del salvataggio dei dati nel database.

Si possono inserire contemporaneamente una nuova classe e i suoi studenti:

```
// creazione di un nuovo oggetto Classe
Classe c = new Classe()
                { ID = "2A", Specializzazione = "biennio" };
// aggiunta al DbSet Studenti di due studenti associati
// alla suddetta classe
scuola.Studenti.Add(new Studente()
                { Nome = "Leonardo", Classe = c });
scuola.Studenti.Add(new Studente()
                { Nome = "Michelangelo", Classe = c });
scuola.SaveChanges();
```

Notare che non occorre scrivere esplicitamente l'istruzione

```
scuola.Classi.Add(c)
```

e nemmeno assegnare esplicitamente la proprietà ClasseID dei due studenti, perché EntityFramework deduce tutto questo dal fatto che l'oggetto contenente la nuova classe è stato assegnato alla "navigation property", Classe, di ciascuno studente.

Tuttavia, si potrebbe optare per un approccio più vicino alla logica dei database, effettuando 3 inserimenti distinti:

```
scuola.Classi.Add(new Classe()
        {ID = "2A", Specializzazione = "biennio"});
scuola.Studenti.Add(new Studente()
```

```
            {Nome = "Leonardo", ClasseID = "2A"});
scuola.Studenti.Add(new Studente()
            {Nome = "Michelangelo", ClasseID = "2A"});
scuola.SaveChanges();
```

Modifica della classe di appartenenza di uno studente:

```
// si recupera lo studente a cui vogliamo applicare la modifica
Studente s = scuola.Studenti.SingleOrDefault(x => x.ID == 3);
if (s != null)
{
  // si assegna un nuovo valore alla proprietà ClasseID
  s.ClasseID = "4BI";
  // si salvano le modifiche nel database
  scuola.SaveChanges();
}
```

Cancellazione di uno studente:

```
// recupero lo studente da cancellare
Studente s = scuola.Studenti.FirstOrDefault(x=>x.ID == 8);
if(s != null)
{
  scuola.Studenti.Remove(s);
  scuola.SaveChanges();
}
```

Cancellazione di una intera classe con tutti i suoi studenti:

```
// recupero la classe da cancellare
Classe c = scuola.Classi.SingleOrDefault(x => x.ID == "4BI");
if (c != null)
{
  // recupero i suoi studenti
  // notare che con ToList() si ha l'esecuzione della query
  List<Studente> studentiClasse = c.Studenti.ToList();
  // rimuovo la classe e gli studenti dai rispettivi DbSet
  scuola.Classi.Remove(c);
  foreach (Studente s in studentiClasse)
  { scuola.Studenti.Remove(s); }
  scuola.SaveChanges();
}
```

Per approfondimenti su EntityFramework consultare il sito https://www.entityframeworktutorial.net e la "Introduzione all'uso di Entity Framework" del prof. Paolo Meozzi,https://www.isisfermi.edu.it/site/attachments/article/324 /EF%20-%20inf.%20broccolucci.pdf

Una applicazione completa con Windows Form

Le classi dell'Entity Data Model, Classi e Studenti, e la classe che definisce il contesto del database, ScuolaContext, sono quelle viste in precedenza.

Non è più necessario scrivere una classe per gestire l'accesso al database perché questo compito è svolto dall'EntityFramework, pertanto si passa alla scrittura della classe Form per effettuare il dialogo con l'utente:

```
using System.Collections.Generic;
using System.Data;
using System.Linq;
using System.Windows.Forms;
using System.Data.Entity;
using System.Data.Entity.Infrastructure;

public partial class Form1: Form
{
 public Form1()
 {
using var scuola = new ScuolaContext();
 // per analizzare il comportamento di EntityFramework
 // viene attivato il log delle query SQL che esegue:
 // il Log vuole un delegato di tipo Action<string>
 scuola.Database.Log = WriteLog;
 InitializeComponent();
}

// il metodo WriteLog
public static void WriteLog(string text)
{
  // text contiene l'istruzione SQL
 Console.WriteLine(text);
}
```

```
...}
```

Si noti che che il costruttore della classe Form attiva il Log delle interrogazioni SQL fatte al database dall'Entity Framework. Questo consente al programmatore di rendersi conto delle operazioni che vengono effettivamente svolte (la visualizzazione viene inviata alla finestra di Output di Visual Studio).

Ovviamente questo Log dovrà essere disabilitato nella versione definitiva del programma.

Seguono i metodi per gestire i pulsanti del Form:

Recupera Nomi e Classi

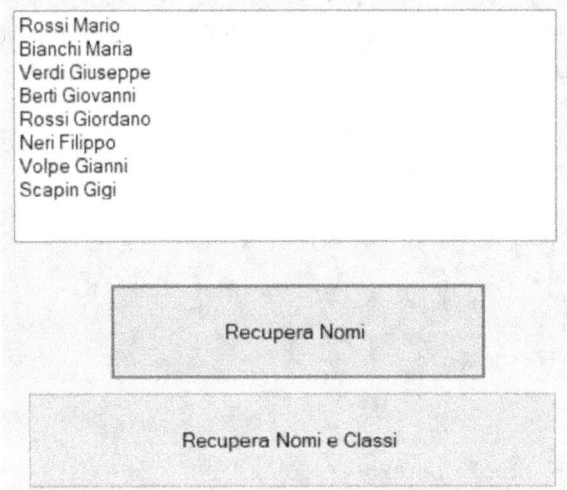

ListBox con i nomi degli studenti

```
// pulsante Recupera Nomi
private void button1_Click(object sender, EventArgs e)
{
    using var scuola = new ScuolaContext();
    listBox1.Items.Clear();
    foreach(Studente s in scuola.Studenti)
    { listBox1.Items.Add(s.Nome); }
}

// pulsante Recupera Nomi e Classi
private void button2_Click(object sender, EventArgs e)
```

```
{
  using var scuola = new ScuolaContext();
  listBox1.Items.Clear();
  foreach (Studente s in scuola.Studenti.Include(x => x.Classe))
  { listBox1.Items.Add(s.Nome + "" + s.ClasseID + "" +
                          s.Classe.Specializzazione); }
}
```

Recupera Dati Studente

Nome   Scapin Gigi

Recupera Dati Studente

8 Scapin Gigi 3BI

Recupero dei dati di uno studente

```
// pulsante Recupera Dati Studente
private void button3_Click(object sender, EventArgs e)
{
  using var scuola = new ScuolaContext();
  string nome = textBox1.Text;
  Studente s = scuola.Studenti.
                FirstOrDefault(x => x.Nome == nome);
  if (s != null)
  { label1.Text = s.ID + "" + s.Nome + "" + s.ClasseID; }
  else
  { label1.Text = "inesistente!"; }
}
```

Visualizza Studenti

ID	Nome	ClasseID
7	Volpe Gianni	1A
9	Leonardo	2A
10	Michelangelo	2A
3	Verdi Giuse...	2A
6	Neri Filippo	3BI
5	Rossi Giord...	3BI

Un datagridview con i dati degli studenti in ordine di classe e nome

Visualizza
Studenti

199

```
// pulsante Visualizza Studenti
private void button4_Click(object sender, EventArgs e)
{
   using var scuola = new ScuolaContext();
   var compagni = scuola.Studenti.
                  OrderBy(x => x.ClasseID).
                  ThenBy(x => x.Nome).
                  Select(x =>
         new{ ID=x.ID, Nome=x.Nome, ClasseID=x.ClasseID }).
                  ToList();
   dataGridView1.DataSource = compagni;
}
```

Notare che con la funzione Select si crea al volo un oggetto di una **classe anonima** composto dagli attributi ID, Nome e ClasseID. In questo modo nel datagridview verranno automaticamente visualizzate queste 3 colonne, escludendo così dalla visualizzazione la colonna Classe.

Al datagridview è stata impostata la proprietà SelectionMode al valore FullRowSelect. Facendo click su una riga si possono estrarre facilmente i dati contenuti nella stessa:

```
private void dataGridView1_CellContentClick(object sender,
DataGridViewCellEventArgs e)
{
  // indice della riga selezionata
  int indiceRiga = dataGridView1.SelectedRows[0].Index;
  // prende il valore della seconda cella (il nome)
  textBox2.Text =
          dataGridView1.Rows[i].Cells[1].Value.ToString();
}
```

Approccio Code First

Finora è stato considerato l'approccio "Database First", secondo cui prima si crea il database e poi le classi per accedervi.

Dalla versione 4 di Entity Framework è possibile anche agire al contrario, ovvero secondo la modalità "**Code First**" che consiste nel definire innanzitutto le classi che rappresentano gli oggetti dell'applicazione e poi Entity Framework automaticamente crea il corrispondente database per gestire la persistenza di tali dati.

Purtroppo Entity Framework 6 con SQLite 3 non è in grado di creare automaticamente il database con le tabelle richieste e quindi non consente di applicare l'approccio Code First.

Poiché la creazione di tabelle non è supportata dalla libreria ufficiale System.Data.SQlite.EF6, si può ricorrere alla libreria SQLite.CodeFirst sviluppata da Marc Sallin, scaricabile con il gestore di pacchetti NuGet (vedi anche il sito https://github.com/msallin/SQLiteCodeFirst).

Se si vuole ottenere la creazione automatica del database nel caso in cui esso non esista si deve modificare la classe ScuolaContext in modo da attivare l'inizializzazione del database con l'apposita classe della libreria SQLite.CodeFirst:

```
using System.Data.Entity;
using SQLite.CodeFirst;

// con creazione automatica del database se non esiste
public class ScuolaContext: DbContext
{
  public DbSet<Studente> Studenti {get; set;}
  public DbSet<Classe> Classi {get; set;}

  // "Scuola" è il nome dato alla stringa di connessione
  public ScuolaContext(): base("Scuola")
  { }

  protected override void OnModelCreating(DbModelBuilder
                                    modelBuilder)
  {
    // mapping delle entità nelle tabelle
    modelBuilder.Entity<Studente>().ToTable("Studenti");
    modelBuilder.Entity<Classe>().ToTable("Classi");

    // per la creazione automatica del database
    // si usa come inizializzatore l'apposita classe fornita
    // dalla libreria SQLite.CodeFirst
    var initializer = new
```

```
SqliteCreateDatabaseIfNotExists<ScuolaContext>(modelBuilder);
    Database.SetInitializer(initializer);
  }
}
```

Questo secondo esempio mostra come aggiungere all'inizializzazione del database anche il caricamento preliminare di alcuni dati:

```
using System.Data.Entity;
using SQLite.CodeFirst;

// con creazione automatica del database se non esiste
// e caricamento preliminare ("seed") di alcuni dati

public class ScuolaContext: DbContext
{
  public DbSet<Studente> Studenti {get; set;}
  public DbSet<Classe> Classi {get; set;}

  public ScuolaContext(): base("Scuola")
  { }

  protected override void OnModelCreating(DbModelBuilder
                                          modelBuilder)
  {
     // mapping delle entità nelle tabelle
     modelBuilder.Entity<Studente>().ToTable("Studenti");
     modelBuilder.Entity<Classe>().ToTable("Classi");

     // per la creazione automatica del database
     // si usa come inizializzatore la classe
     // ScuolaDbInitializer definita successivamente
     var initializer = new ScuolaDbInitializer(modelBuilder);
     Database.SetInitializer(initializer);
  }
}

// classe che effettua l'inizializzazione personalizzata
// del database - essa deriva dalla apposita classe della
// libreria SQLite.CodeFirst
public class ScuolaDbInitializer:
            SqliteCreateDatabaseIfNotExists<ScuolaContext>
{
  public ScuolaDbInitializer(DbModelBuilder modelBuilder)
  : base(modelBuilder)
  { }

  protected override void Seed(ScuolaContext context)
```

```
{
   // Here you can seed your core data if you have any
   context.Classi.Add(new Classe()
           { ID = "1A", Specializzazione = "biennio" });
   context.Studenti.Add(new Studente()
           { Nome = "alfa", ClasseID = "1A" });
   context.Studenti.Add(new Studente()
           { Nome = "beta", ClasseID = "1A" });
   context.Studenti.Add(new Studente()
           { Nome = "gamma", ClasseID = "1A" });
   context.SaveChanges();
}
}
```

L'effettiva creazione del database avverrà al primo tentativo di lettura dei dati.

L'approccio "Code First" risulta molto interessante perché consente al programmatore di considerare i suoi oggetti come persistenti, senza doversi preoccupare minimamente dell'esistenza di un database per la loro archiviazione duratura.

Appendice 1. Uso di due Windows Form

Quando dal form principale di un programma si vuole creare un secondo form per mostrare all'utente dei dati di dettaglio o per acquisire dei dati in input, si ha il problema del passaggio di informazioni dal form principale al form secondario.

Esempio con sola visualizzazione di dati

Il form principale mostra una listbox con un elenco di persone e il pulsante visualizza consente di vedere nel dettaglio i dati della persona selezionata.

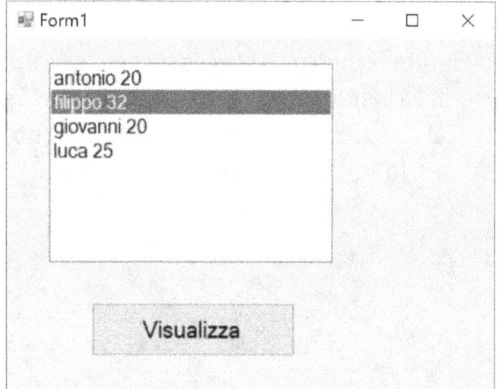

Il Form principale

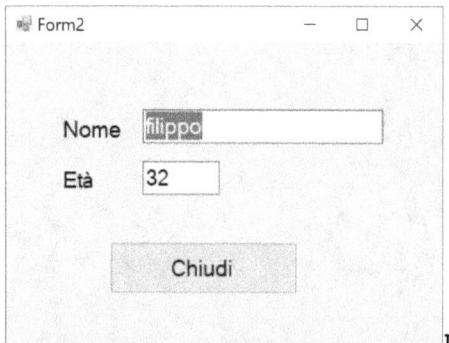

Il Form secondario

In pratica il form1 passa al costruttore del form2 il riferimento all'oggetto da visualizzare.

La classe Persona ridefinisce il metodo ToString() per consentire la visualizzazione dei dati nel listbox.

```
public class Persona
{
  public string Nome {get; set;}
  public int Età {get; set;}

  public override string ToString()
  { return Nome + "" + Età; }
}
```

```
public partial class Form1: Form
{
  private List<Persona> elenco;

  public Form1()
  {
    elenco = new List<Persona>();
    elenco.Add(new Persona() { Nome = "antonio", Età = 20 });
    elenco.Add(new Persona() { Nome = "filippo", Età = 32 });
    elenco.Add(new Persona() { Nome = "giovanni", Età = 20 });
    elenco.Add(new Persona() { Nome = "luca", Età = 25 });
    InitializeComponent();
  }

  private void Form1_Load(object sender, EventArgs e)
  {
    listBox1.DataSource = elenco;
  }

  // pulsante Visualizza
  private void button1_Click(object sender, EventArgs e)
  {
    Persona corrente = (Persona) listBox1.SelectedItem;
    Form2 form2 = new Form2(corrente);
    form2.Show();
  }
}
```

```
public partial class Form2: Form
{
  private Persona persona;
```

```
    public Form2(Persona p)
    {
      persona = p;
      InitializeComponent();
    }

    private void Form2_Load(object sender, EventArgs e)
    {
      textBox1.Text = persona.Nome;
      textBox2.Text = persona.Età.ToString();
    }

    // pulsante Chiudi
    private void button1_Click(object sender, EventArgs e)
    {
      this.Close();
    }
}
```

Si noti che la finestra secondaria è indipendente da quella principale: essa può restare aperta e l'utente può tornare alla finestra principale e continuare il suo lavoro. Ad esempio, risulta possibile aprire più di una finestra secondaria contemporaneamente.

Una modalità diversa di apertura della finestra secondaria consiste nell'aprirla come "finestra di dialogo modale". In questo modo l'utente, se vuole ritornare al form principale, deve prima chiudere la finestra di dialogo, ovvero il form secondario.

In questo caso l'istruzione di apertura diventa:

```
form2.ShowDialog(); // apertura come finestra di dialogo modale
```

Esempio con visualizzazione e anche modifica di dati

Se il form secondario effettua una modifica dei dati con un apposito pulsante

```
// pulsante Aggiorna (non ancora funzionante!)
private void button1_Click(object sender, EventArgs e)
{
  persona.Nome = textBox1.Text;
  persona.Età = Convert.ToInt32(textBox2.Text);
  this.Close();
}
```

si ottiene la modifica dei dati memorizzati nell'elenco delle persone ma non avviene l'aggiornamento della visualizzazione nel listbox.

Affinché nel form principale vengano visualizzati i dati aggiornati, occorre riassegnare il DataSource della listbox con le istruzioni del seguente metodo della classe Form1:

```
public void AggiornaListBox()
{
        listBox1.DataSource = null;
        listBox1.DataSource = elenco;
}
```

Per fare in modo di rendere automatico questo aggiornamento si deve fare in modo che il form secondario chiami il suddetto metodo al momento della chiusura dello stesso.

Pertanto il form principale quando crea il form secondario gli deve passare, come parametro fornito al suo costruttore, anche un riferimento a se stesso (this).

```
// modifiche apportate alla classe Form1

  // pulsante Visualizza
  private void button1_Click(object sender, EventArgs e)
  {
    Persona corrente = (Persona) listBox1.SelectedItem;
    Form2 form2 = new Form2(this, corrente);
    //form2.ShowDialog(); // finestra di dialogo modale
    form2.Show();
  }

  // metodo per aggiornare la list box
  public void AggiornaListBox()
  {
    listBox1.DataSource = null;
```

```
        listBox1.DataSource = elenco;
    }
```

La nuova versione della classe Form2 prevede come attributo aggiuntivo un riferimento al form genitore:

```csharp
// versione che consente di aggiornare la visualizzazione del
form principale

public partial class Form2 : Form
{
    private Form1 genitore;
    private Persona persona;

    public Form2(Form1 f, Persona p)
    {
        genitore = f;
        persona = p;
        InitializeComponent();
    }

    private void Form2_Load(object sender, EventArgs e)
    {
        textBox1.Text = persona.Nome;
        textBox2.Text = persona.Età.ToString();
    }

    // pulsante Aggiorna
    private void button1_Click(object sender, EventArgs e)
    {
        persona.Nome = textBox1.Text;
        persona.Età = Convert.ToInt32(textBox2.Text);
        genitore.AggiornaListBox();
        this.Close();
    }
}
```

Le seguenti schermate mostrano il corretto funzionamento del codice: dapprima vengono visualizzati i dati dettagliati di filippo, poi se ne modifica l'età ed infine si ottiene la visualizzazione dei dati aggiornati.

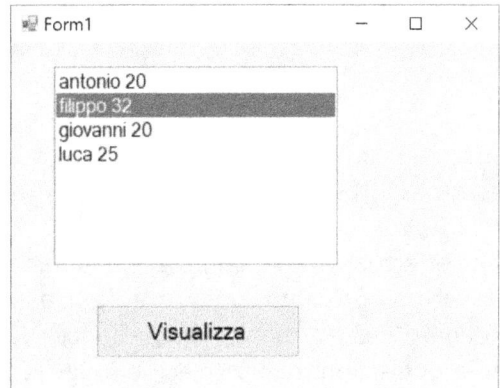

Il Form principale

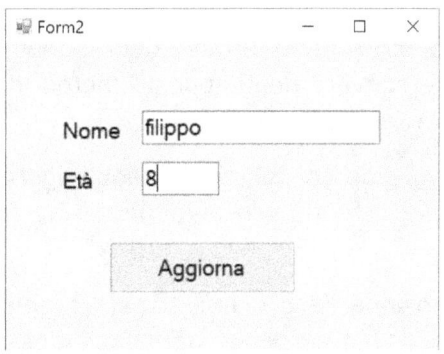

Modifica dell'età di filippo

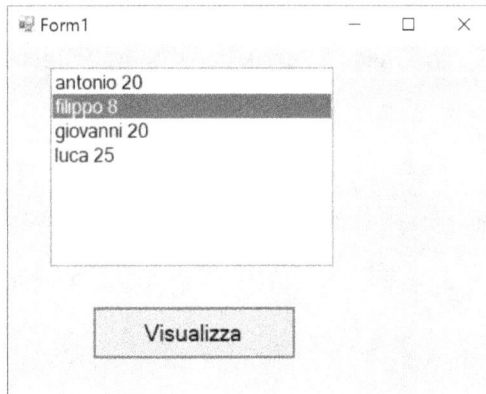

Visualizzazione aggiornata

Appendice 2. Serializzazione binaria di oggetti con attributi privati

Poiché la classe BinaryFormatter è ora considerata non sicura e non può più essere usata (https://learn.microsoft.com/it-it/dotnet/standard/serialization/binaryformatter-security-guide articolo del 28/11/2022), per effettuare la serializzazione binaria di oggetti con attributi privati si possono utilizzare le classi BinaryWriter e BinaryReader, che però prevedono la programmazione delle singole operazioni per scrivere e leggere i dati su disco.

Per consentire una più agevole scrittura, e lettura, degli oggetti da archiviare su disco, conviene scrivere degli appositi metodi di estensione per le classi BinaryWriter e BinaryReader.

Si ricorda che i metodi di estensione consentono di aggiungere nuove funzionalità a classi già esistenti, senza la necessità di ricompilarne il codice.

Per contenere i metodi di estensione delle classi BinaryWriter e BinaryReader, devono essere create delle apposite classi statiche.

Il diagramma delle classi che viene considerato in questo esempio è il seguente:

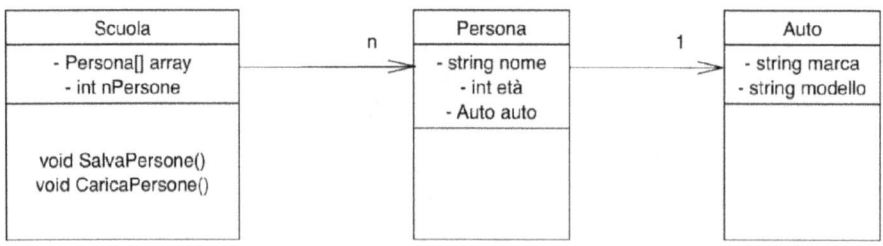

La Scuola contiene un array di Persone che possono avere una Auto

La classe Scuola ha i metodi SalvaPersone() e CaricaPersone() per effettuare, rispettivamente, la serializzazione e la deserializzazione dell'array di persone.

L'array è gestito in modo semidinamico: ha una dimensione fissa sufficientemente grande e risulta parzialmente riempito.

L'attributo nPersone indica quante sono le persone effettivamente presenti nell'array e, al contempo, indica la prima posizione libera dell'array. Infatti, le nPersone sono caricate nelle posizioni indicizzate da 0 a nPersone-1.

Tutti gli attributi sono privati, e pertanto occorrono metodi accessori per la lettura ed eventualmente l'assegnazione di valore agli stessi.

Le classi che effettuano serializzazione XML e JSON agiscono solo su attributi pubblici, pertanto si ricorre ad una serializzazione binaria utilizzando le classi BinaryWriter e BinaryReader.

Il BinaryWriter ha il metodo Write() che consente di scrivere su disco variabili di tipo elementare come stringhe, caratteri, numeri interi, numeri double, valori booleani.

Pertanto si aggiungono i metodi di estensione per poter scrivere oggetti di tipo Auto e di tipo Persona:

```
public static class Estensione
{
    // metodi di estensione per la serializzazione
    public static void WriteAuto(this BinaryWriter bw, Auto a)
    {
        bw.Write(a.DammiMarca());
        bw.Write(a.DammiModello());
    }

public static void WritePersona(this BinaryWriter bw, Persona p)
    {
        bw.Write(p.DammiNome());
        bw.Write(p.DammiEtà());
        Auto auto = p.DammiAuto();
        if (auto != null)  // controllo la presenza dell'auto
        {
        bw.Write(true);  // ha un'auto
        bw.WriteAuto(auto);
```

```
        }
        else
        {
            bw.Write(false); // niente auto
        }
    }
}
```

I suddetti metodi vengono collocati in una apposita classe statica.

Notare che, poiché non è garantito che tutte le persone abbiano un'auto, si deve fare un controllo e scrivere su disco un valore booleano che informa sulla presenza o meno dell'auto.

Il BinaryReader ha solo metodi come ReadString(), ReadChar(), ReadInt32(), ReadDouble(), ReadBoolean() per leggere dati di tipo elementare.

I metodi di estensione per leggere oggetti di tipo Auto e di tipo Persona sono i seguenti:

```
// nella classe Estensione

    // metodi di estensione per la serializzazione
    public static Auto ReadAuto(this BinaryReader br)
    {
    string marca = br.ReadString();
    string modello = br.ReadString();
    return new Auto(marca, modello);
    }

    public static Persona ReadPersona(this BinaryReader br)
    {
    string nome = br.ReadString();
    int età = br.ReadInt32();
    bool haAuto = br.ReadBoolean();
    if (haAuto)
    {
        Auto auto = br.ReadAuto();
        return new Persona(nome, età, auto);
    }
    else
    {
    return new Persona(nome, età);
    }
```

```
        }
}
```

Nella classe Scuola ci sono i metodi per serializzare e per deserializzare l'intero array di persone con tutto il loro contenuto:

```
public void SalvaPersone()
{
    // serializzazione
    FileStream file = File.Create("dati.bin");
    BinaryWriter bw = new BinaryWriter(file);
    bw.Write(nPersone);
    for (int i = 0; i < nPersone; i++)
    {
        bw.WritePersona(array[i]);
    }
    file.Close();
}

public void CaricaPersone()
{
    // deserializzazione
    FileStream file = File.OpenRead("dati.bin");
    BinaryReader br = new BinaryReader(file);
    nPersone = br.ReadInt32();
    for (int i = 0; i < nPersone; i++)
    {
        array[i] = br.ReadPersona();
    }
    file.Close();
}
```

Notare che, oltre all'array vero e proprio, è necessario serializzare anche la variabile nPersone che specifica il numero di persone presenti nell'array.

Il metodo Main() della classe Program consente di testare il funzionamento della serializzazione:

```
// metodo Main()

// oggetti da caricare nell'array
Auto a1 = new Auto("opel", "mokka");
```

```
Persona p1 = new Persona("gianni", 20, a1);
Auto a2 = new Auto("mercedes", "gla");
Persona p2 = new Persona("luca", 30, a2);
Persona p3 = new Persona("piero", 40);

// creazione e riempimento dell'oggetto scuola
Scuola scuola = new Scuola();
scuola.AggiungiPersona(p1);
scuola.AggiungiPersona(p2);
scuola.AggiungiPersona(p3);


// salvataggio
scuola.SalvaPersone();

// creo una nuova scuola e vi carico i dati salvati
scuola = new Scuola();
scuola.CaricaPersone();

// verifica
int n = scuola.DammiNumeroPersone();
for (int i = 0; i < n; i++)
{
    Persona p = scuola.DammiPersona(i);
    Console.WriteLine(p);
}

/*
// avendo opportunamente ridefinito il metodo ToString()
// per le classi Persona e Auto
// si ottiene il seguente output
gianni 20 opel mokka
luca 30 mercedes gla
piero 40
*/
```

In definitiva si tratta di scrivere una coppia di metodi di estensione per ciascuna delle classi che si deve poter serializzare.

Grazie a questi metodi diventa immediato ottenere la serializzazione di oggetti anche complessi.

Appendice 3. Uso di Entity Framework 6 con Visual Studio 2022

La libreria System.Data.SQLite che è stata utilizzata con Visual Studio 2019 e il .Net Framework 4.7 può essere utilizzata anche con Visual Studio 2022 e .NET 7.

In particolare il problema è che con Visual Studio 2022 non c'è più il file di configurazione App.config in formato XML ma c'è il file appsettings.json.

Nel file App.config c'erano le istruzioni per la configurazione dell'EntityFramework e la stringa di connessione al database di SQLite.

La prima possibilità è quella di evitare di usare un file di configurazione e programmare interamente l'EntityFramework con codice C#.

Si tratta di creare la classe SQLiteConfiguration per impostare SQLite come ProviderFactory:

```csharp
using System;
using System.Data.Entity;
using System.Data.Entity.Core.Common;
using System.Data.SQLite.EF6;
using System.Data.SQLite;


public class SQLiteConfiguration: DbConfiguration
{
    public SQLiteConfiguration()
    {
        SetProviderFactory("System.Data.SQLite",
                            SQLiteFactory.Instance);
        SetProviderFactory("System.Data.SQLite.EF6",
    SQLiteProviderFactory.Instance);
        SetProviderServices("System.Data.SQLite",
                (DbProviderServices)SQLiteProviderFactory.Instance
                    .GetService(typeof(DbProviderServices)));
    }
}
```

La classe ScuolaContext utilizza il costruttore della classe base passandogli un oggetto di tipo SQLiteConnection

```csharp
using System;
using System.Data.SQLite;
using System.Data.Entity.ModelConfiguration.Conventions;
using System.Data.Entity;

public class ScuolaContext: DbContext
{
    // definisco i DbSet delle tabelle del database
public DbSet<Studente> Studenti { get; set; }
    public DbSet<Classe> Classi { get; set; }

    public ScuolaContext() : base(new SQLiteConnection(
"Data Source=scuola2023.db;Foreign Keys=On"), true)
{
        // true significa che la connessione viene eliminata
        // quando il contesto viene eliminato
    }

    // per evitare la convenzione che i nomi delle tabelle
    // abbianola s finale, ovvero siano Studentes e Classes
protected override void OnModelCreating(DbModelBuilder
                                        modelBuilder)
    {
        modelBuilder.Entity<Studente>().ToTable("Studenti");
        modelBuilder.Entity<Classe>().ToTable("Classi");
}
}
```

Qualora si preferisse utilizzare il file di configurazione appsettings.json per contenere la stringa di connessione, si deve innanzitutto aggiungere al progetto tale file.

Nel file appsettings.json si aggiunge la chiave "ConnectionStrings" con valore un oggetto contenente il nome della stringa "Scuola" e la stringa di connessione al database

```json
{
"ConnectionStrings": {
"Scuola": "Data Source=scuola2023.db;Foreign Keys=On"
  }
}
```

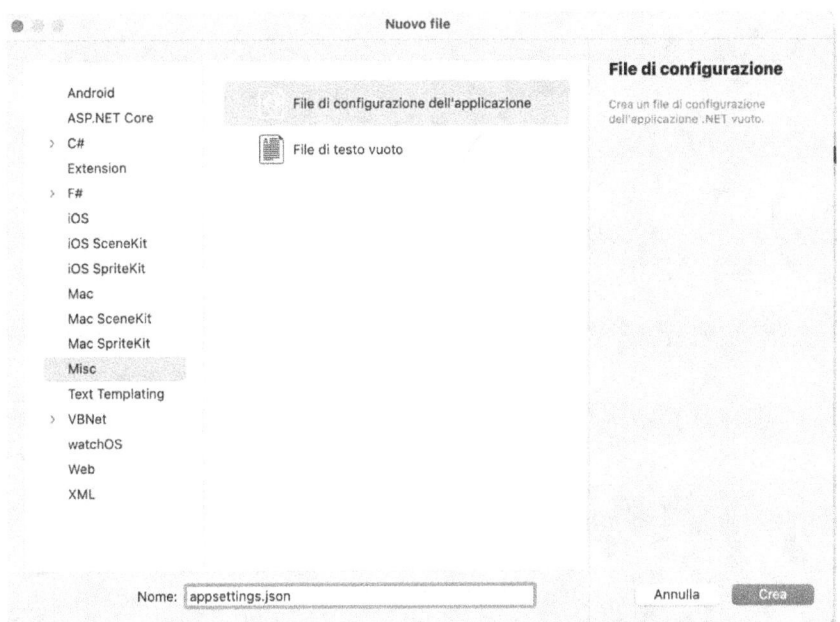

Aggiunta del file di configurazione al progetto

Questo file deve essere copiato anche nella cartella di output dell'applicazione \bin\debug\net7.0 e per ottenere questo in modo automatico si clicca con il destro sul file appsettings.json, si aprono le sue proprietà e si applica la "Copia nella directory di output"

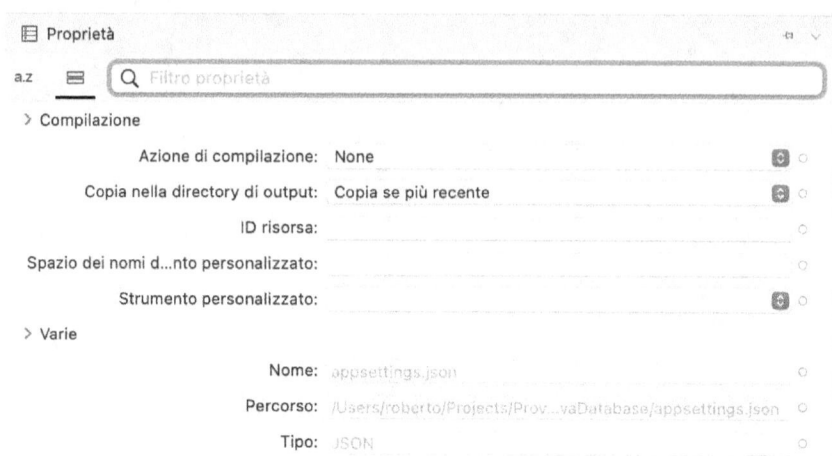

Le proprietà del file appsettings.json

Tale proprietà è anche accessibile come proprietà rapida:

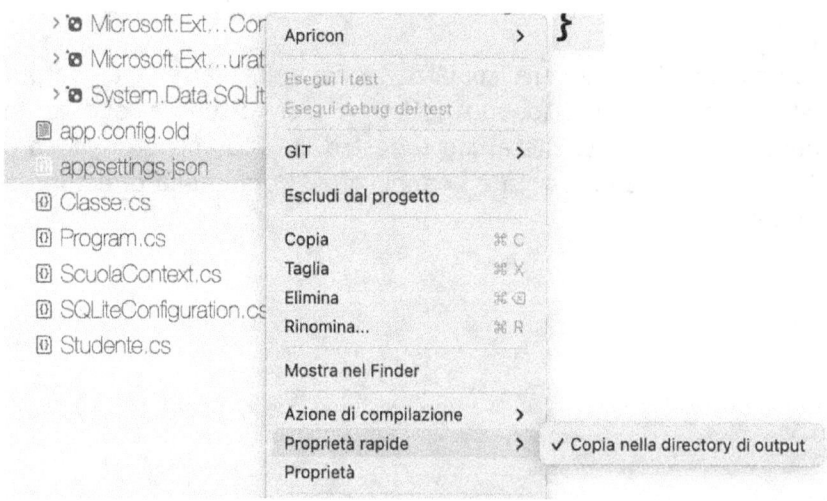

Le proprietà rapide del file appsettings.json

Se questo procedimento non dovesse andare a buon fine, si può modificare direttamente il file .csproj che si trova nella cartella del progetto (nel nostro caso il file si chiama

ProvaDatabase.csproj) e aggiungervi dentro la sezione
<ItemGroup> le seguenti specifiche:

```
<ItemGroup>
<None Update = "appsettings.json">
<CopyToOutputDirectory> PreserveNewest </CopyToOutputDirectory>
</None>
</ItemGroup>
```

Per poter leggere il file appsettings.json si devono importare i
pacchetti

- Microsoft.Extensions.Configuration

- Microsoft.Extensions.Configuration.Json

Nella classe ScuolaContext si deveaggiungere la direttiva

            using Microsoft.Extensions.Configuration;

e scrivere il metodo static GetConnection()

```
public static SQLiteConnection GetConnection()
{
    // è di tipo IConfigurationRoot
    var config = new ConfigurationBuilder()
                .AddJsonFile("appsettings.json").Build();
    string connectionstring
                        =config["ConnectionStrings:Scuola"];
    return new SQLiteConnection(connectionstring);
}
```

A questo punto si modifica il costruttore di ScuolaContext in
modo che utilizzi il metodo GetConnection() per costruire la
connessione con la stringa letta dal file di configurazione

```
public ScuolaContext() : base(GetConnection(), true)
{  }
```

Appendice 4. Delegati con parametri per esprimere condizioni di ricerca

Si vuole esemplificare l'utilizzo di delegati per impostare dei criteri di ricerca da applicare ad una lista di oggetti.

Si consideri la classe Persona

```
public class Persona
{
  public string Nome {get; set;}
public int Età {get; set;}
}
```

Si può scrivere un predicato senza parametri per verificare se una persona ha nome "aldo"

```
public static bool HaNomeAldo(Persona p)
{
    return p.Nome == "aldo";
}
```

Per realizzare un predicato che dipende da un valore assegnato mediante un parametro, si scrive una funzione che restituisce il corrispondente predicato

```
public static Predicate<Persona> HaNome(string nome)
{
    return  p => p.Nome == nome;
}
```

Per vedere il funzionamento di questi strumenti, si crea una persona e si applica alla stessa una condizione

```
Predicate<Persona> condizione;
Persona amico = new Persona(){Nome = "aldo"};
```

```
condizione = HaNomeAldo;
bool esito = condizione(amico);  // true

condizione = HaNome("aldo");
esito = condizione(amico);       // true
```

Con apposite funzioni si possono creare predicati che dipendono da un diverso numero di parametri

```
public static Predicate<Persona> HaEtà(int età)
{
    return  p => p.Età == età;
}


public static Predicate<Persona> HaEtà(int età1, int età2)
{
    return  p =>(p.Età>=età1 && p.Età <= età2);
}

condizione = HaEtà(18);
condizione = HaEtà(15, 18);
```

Queste condizioni possono essere usate per effettuare delle ricerche in una lista di persone

```
List<Persona> lista = ...
Persona p1 = lista.Find(HaNomeAldo);
string nome = "gianni";
Persona p2 = lista.Find(HaNome(nome));
List<Persona> diciottenni = lista.FindAll(HaEtà(18));
// le persone con età compresa tra 15 e 18
List<Persona> selezionati = lista.FindAll(HaEtà(15, 18));
```

Indice analitico

www.ingramcontent.com/pod-product-compliance
Lightning Source LLC
Chambersburg PA
CBHW070327220526
45467CB00001B/59